U0049529

你可以當好人，但不要好得不像人

有本事才給予。
設立界線、有限度討好
是**長久關係的祕密**

Mike Bechtle
麥克·貝勒 著

謝慈 譯

The People Pleaser's Guide
to Loving Others Without Losing Yourself

獻給愛芙莉

你是傑作

上帝的詩篇

我看著你時總是感到驚喜

你已經夠好了

你原本的樣子就足矣

目次

第二部分　善良者面向世界的五個不安

第三部分　找回內在力量的十個起手式

第四部分 把夢想縮小

引言
不要低估善意的力量

既然我注定令人失望，至少我不要再令自己失望。

無名氏

我之所以寫這本書，是因為我累了。

終其一生，我都努力討好別人。我並沒有意識到自己的行為，因為這已經成為生活的一部分——就像是魚不會特別注意到水的存在那樣。我希望人們喜歡我，所以我所做的決定幾乎都以此為目標。

高中時期，我對自己很沒信心（但每個人都是這樣吧？）。於是，當我開始找工作時，總是選擇和朋友們不同的工作：在太平間上班、賣樂譜、經營商業印刷、主持通勤時段的廣播節目、擔任婚禮攝影師等。我以為人們會注意到我的不同，並對我刮目相看。

我的計畫很成功，人們確實很佩服我。然而，我的不安並沒有改善。內心深處，我知道他們佩服的只有我的作為，而不是我這個人（至少我是這麼以為的）。我從未給他們機會看見真實的自己，因為這樣風險太大了。

我太過執著要當個「好人」。我所仰慕的人通常都是慈祥和藹、不輕易動怒的大人。他們個性穩定、始終如一，受每個人喜歡。我很好奇，他們為什麼不會對任何事生氣，我以為他們天生就沒有脾氣。因此當我生氣時，會學著壓抑怒火，不讓任何人知道。我或許氣在心裡，表面上卻會說：「沒關係。」

當然不是沒關係。我開始偽裝，但我以為，這是為了生存而不得不為。

換句話說，我從不坦誠面對自己；為了討好其他人，我扭曲了自己的模樣。這並不容易，因為我必須隨時保持警覺，才能維持這樣的表象。漸漸地，表象成了自我認同，而我努力地偽裝下去。

我是個嚴重的討好者。

你仍然可以討好

最終，我開始燃燒殆盡。我意識到，自己一直為了其他人而活，而不是為了自己。但我覺得自己被困住了，找不到脫逃的方式。每個晚上我都因為內心焦慮而輾轉難眠。我知道自己撐不了多久，遲早會崩潰。

我當時心想，也許能從書上找到解決方法。於是我去書店翻閱一些書後，得到三個啟示：

一、討好別人不好。

二、我們不應該繼續討好別人。

三、停止討好別人的方法，就是專心討好自己。

乍看之下挺有道理的，但我就是無法信服。這些書似乎是要我激怒別人，搞得天怒人怨，只關心我自己。這和我一直以來的為人和形象截然不同。我不是個討厭鬼，我是個好人。如果停止當個好人，一切會變好嗎？

看完這些書，我又看了不同的文章和網站，看到的建議都大致相同，「我得轉移注意力，不再一味滿足其他人，而是把自己擺到第一位」。讀得越多，就會發現重點並無二致。假如真是如此，那麼我以往對其他人的關注，只是讓我不斷迷失自己。

顯然我必須更自私一些。

但我的內心深處，卻不斷浮現一些惱人的想法。

討好難道沒有好的一面嗎？

除了仰賴別人的看法外，有什麼更能提升自我感覺的方式嗎？

我能保有更健全的自我認同，同時繼續討好別人嗎？

我能更有自信、更堅強地關心別人嗎？

我的成長之路由此啟程。為了回答前述問題，我開始探索如何不將自我認同建立在其他人的看法上。假如我能看見真實的自己，學習接受自己的獨一無二，就不再需要尋求其他人的認同。可以單純把其他人放在心上就好。

除此之外，這本書將比市面上其他類似書籍再更進一步。如果藉由討好別人來提高自尊，就是不健康的行為傾向；首先，我們可以學習更專注在自己身上，讓自己的身心更健康。

假如能達到這樣的健康心態，就能奠定穩健的基礎，成為「強大」的討好者。我們可以做對的事，幫助他人，滿足他們的需求。我們可以在接受真實的自己後，再真心地關注其他人。

不再討好，要慢慢的

我希望可以這麼說，我已經從長期努力討好別人的掙扎中痊癒了。但實際上，討好別人的傾向依然存在，我的旅程並未結束。不過，此刻我已重建信心，可以做自己，並且善用自己的獨特性來幫助其他人。

我正在追求自由的旅途中，而我想邀請你一起加入。我不會假裝自己已經得到所有的答案，但我希望能給予你在初期一些啟發。

你可以想像我們一邊品嘗咖啡、一邊聊天。本書每個章節點出這趟成長之旅的不同面向。我們會討論哪些方法有幫助、哪些沒有，也會分享其他人經歷過的掙扎和困境。坐而言不如起而行，我們將一步一步勾畫通往終點的地圖。

我的名字後面加上了「博士」這個頭銜，但我不是心理醫生。我不會假裝自己能像心理治療師那樣，提供可貴的專業觀點（我曾在專家的引導下覺察自己的動機和驅動力，所以切身知道專業的價值）。高等教育和成人學習是我的專業領域，而我迄今的職場不是在大學就是企業的講堂裡，探索如何克服解決溝通上的挑戰。從實務的角度切入人際關係，是我所能提供與眾不同的觀點。這也是前幾本書的主題。

這段旅程後會給予你幾個禮物：

- 你會發現，掙脫長久以來的生活模式比想像中容易。
- 你將學到如何拒絕，而不是直覺地答應。對象是誰都一樣。
- 你將在人際關係中更自在，不再需要去掌控其他人，就算對方是控制狂。
- 你會發現「做自己」反而更容易討人喜歡，因為現在的自己已經夠好了。
- 你會學習找到真實的自己，並愛自己，而且不再逼自己改變。
- 你的壓力會大幅減輕，因為你不再需要努力追求自己在人際關係中的定位（不再追求掌控一切）。
- 你會成為真實的自己，但仍然可以做個「好人」，好過以前。

- 你將學習如何不帶侵略性地面對衝突（而是充滿自信心）。
- 你不再時時焦慮，終於能一覺到天亮。

重要的是，你確實能改變。你不須繼續在討好別人的流沙中苦苦掙扎著建立自尊。然而，當你為自己打下健全的基礎時，你將會成為真正的討好者——而且是最完美的狀態！你越是討好自己，就越能討其他人的歡喜。

乍聽之下，這個過程難如攀登聖母峰，對有生以來習慣討好的人來說尤其是。然而，沒有什麼一蹴而就。我們可以做的就是踏出第一步，然後是下一步，再下一步。每一步都很容易，只是需要一再重複。

沒有人會偶然間就登上一座山峰。那必然是有心完成的——而且方法確切可行。

準備好邁出第一步了嗎？現在展開我們的成長之旅。

第一部分

看見當下的狀態

Building a Vision

這兩件事你會選擇做哪一件？

（一）跑一場馬拉松。

（二）吃點培根（或你喜歡的其他食物）。

假如你已經建立鍛鍊身體的習慣，或許就會選擇馬拉松。馬拉松是重大挑戰，需要耗費幾個月來準備，卻能帶給你能量。你選擇困難的挑戰，因為最後的成果帶給你動力。

然而，這樣的人或許是少數。對大多數人來說，面對喜歡的食物飄來香氣時，真的很難選擇開始長跑。但假如想達到重大的目標，我們就必須學會做出有些痛苦的短程選擇。這就是為什麼我們上健身房或是每天晨跑。雖不容易，卻是到達終點的必經過程。

運動很困難，吃東西很簡單。

我個人寧願跳過跑步去吃培根，因為吃培根的當下就是享受。然而，假如我的目標是跑完馬拉松，這就會是錯誤的選擇。我們大部分的選擇，在當下都不會有顯而易見的後果。立即性的愉悅感如果夠強烈，我們就很難抗拒，畢竟後果似乎在遙遠的未來。就如同詹姆斯·克利爾（James Clear）在《原子習慣》所寫：「好習慣的代價在當下，壞習慣的代價則潛藏在未來。」

假如每吃一片培根體重就會馬上增加十公斤，我們會怎麼樣呢？即便我們依然很享受培根的美味，但這立即的後果會幫助我們避免放縱。但後果往往要一段時間後才發生，於是在困難與簡單的抉擇間，我們通常會選擇後者。

每個人都希望過得舒適又快樂，我們天生傾向如此。這就是為什麼我們選擇愉悅、逃避痛苦。在追尋快樂的過程中，我們總是在「眼前的愉悅」和「未來的愉悅」之間的鋼索上，小心地保持平衡。我們希望自我感覺良好，於是直覺地竭盡全力讓自己隨時都能如此。

對於討好者來說，要專注在別人的需求很簡單，因為人們正面的回應就能帶來滿足。這就是為什麼要把注意轉移到自己的需求，會如此困難——但唯有如此，才能讓我們朝健康的未來前進。

付出，不是為了提升自我感覺

讓我再提一個問題：自由會是什麼模樣？截至目前為止，我們已經大略了解何謂討好他人，我們又是如何成為討好者。在這本書中，我們主要聚焦在讓自己更健康的「復原」過程之外，也探討如何善加利用討好人的渴望。然而，我們在開始旅程前還有很重要的一步：了解我們的目的地。

如果不需要持續擔心自己的形象，會是什麼感覺？假如我們內心有足夠的安全感，能自由地幫助別人，而不需要對方的認同呢？

這就像是開車長途旅行那樣。第一步是決定終點。決定以後，在衛星導航或地圖軟體輸入目的地，就能得到許多不同的路線。其中一條或許最快，另一條或許風景最優美。然而，假如目的地不明確，就什麼都不會有。沒有目的地，我們就只能一直原地繞圈。

之所以討好別人，是為了肯定自己的價值——不知何故，我們轉向他人以滿足這樣的需求。只有當別人喜歡我們，我們才能感受到自我價值。一旦這樣，為了維持自我價值就得一生討好別人。

不健康的討好者身上，可觀察到下面的模式：

- 覺察自我價值的需求
- 從他人的看法中得到肯定
- 成為他人看法的奴隸
- 為了自我的利益幫助他人，而看不見對方的需求

- 覺得被困住

本書會讓這樣的人學習新模式：

- 覺察自我價值的需求
- 從內在得到肯定，發現自己的獨特
- 傾聽他人的看法，但不以這些看法自我批判
- 為了他人的利益而助人，而不是為了自己
- 得到自由

讓我們展開旅程，了解我們如何討好別人，至今的討好行為又給我們留下怎樣的影響。

第1章
與各種評價和平共處

當討好者離世時，他們眼前閃過的是別人的一生。

無名氏

你正在百貨公司閒逛，買些東西，享受人生。當你轉過某條走道時，瞥見鏡中的自己。這讓你猝不及防、錯愕不已，「什麼？我看起來是這樣嗎？」問題或許出自你的體重、穿著、髮型或神情和你想像的不一樣，於是你開始批評自己，開始負面的自我對話循環。

太噁心了——我好噁心。

其他人都看見我的樣子了，一定也覺得噁心。

我竟讓自己變成這副德性。

我看起來糟透了。

我做了很糟的選擇，讓自己淪落至此。

我必須現在就改變，或許開始減肥，或是改變形象，再不然整型手術也好。

接下來一整天，我只能吃生菜。

看到鏡中的自己就引發這種心理反應——就在幾秒之內，這令人難以想像。前一刻，你甚至根本沒有任何這類念頭，只是快樂享受著人生。幾秒鐘之後，你的自我形象卻天翻地覆……都怪鏡子擺在那裡。是鏡子觸發一切。

走入生鮮賣場時，你的心情跌入谷底。經過食品區，聞到剛出爐肉桂捲的香氣，你知道這能讓心情好轉，於是買了一個。甜點被稱為療癒食物有其道理。第一口帶給你即刻的滿足，但你馬上意識到自己做了什麼，結果心情更低落。因為你在只吃生菜的計畫真正開始前就食言了。

你從經驗中學習到，鏡子是尋找真相的工具。每天早上準備出門時，你都照鏡子，確保自己符合想要的形象。你在試衣間裡照鏡子，想知道衣服穿起來的樣子。廁所的洗手檯也有鏡子，讓你確認自己是否準備好面對世界。

我們從不質疑鏡子。鏡子可以信賴。沒有人會說：「嘿，我看起來不是那樣。這面鏡子有問題。」我們認定鏡中影像都是對的。

這樣的狀況從我們很小的時候就開始了。研究顯示，嬰兒大約八個月大就能認出鏡中的自己。然而，他們不會因此而自我批判，而是想著：「嘿，是我耶！」如果某人說：「你真是個好看的孩子。」孩童便會直覺地看向鏡子，想知道「好看」是什麼樣子。

隨著時間流逝，鏡子成了我們分析別人話語的工具。假如有人說：「你的額頭上有黑色污漬。」你會看看鏡子裡自己的額頭，的確有污漬的話，就盡可能弄乾淨，讓別人再次覺得你「好看」。

孩童時期，我們會假設鏡子裡的影像反映的是真實形象。長大後，我們漸漸開始將鏡子裡看到的，和我們理想的樣子相比較。假如兩者相符，就萬事太平；假如不相符，我們就挫折沮喪。

但，假如我們使用鏡子的方式錯了呢？

雞蛋裡挑骨頭——對自己

大部分的鄉村市集都會有「歡樂屋」，展出新奇有趣的事物。其中一項常見的設施，就是充滿哈哈鏡的鏡室，有的讓我們看起來又高又瘦，有的則把我們變得矮胖，有的讓我們的身體很巨大、頭卻只剩乒乓球的大小，更有一種讓我們的腳像汽車一樣大，身體則像火柴人。我們會開懷大笑，因為知道鏡子是扭曲的。鏡中的影像不是真的，所以不會讓我們難過到想要吃個肉桂捲。

問題就在這裡：當我們還是孩子時，就學會以其他人為鏡。我們相信他人對我們的看法。每當有人說了什麼，我們就認為是正確的，無論對方在乎或討厭自己，都認為他們的觀點就是事實。假如我們開始相信，他人的看法就像鏡子一樣準確，別人就會漸漸取代真正的鏡子。沒能看破這一點的話，成年之後也然會保持相同的模式。

事實上，這些觀點的正確性，恐怕就像歡樂屋裡的哈哈鏡。扭曲的部分其實很明顯，但我們卻忘記了。我們的自我形象會開始反映出其他人的想法——或是我們想像中其他人的想法。

更大的問題來了，或許根本就沒有人提及我們，甚至對我們沒任何想法，但我們覺得有。我們將自我形象投射在他們身上，認為他們看見我們那些行為之後，也一定會用我們評價自己的方式來評斷我們。

想像我們剛接觸某種運動，例如壘球。我們還不太會接朝我們飛來的球，於是心想：「我接球接得很爛，每次漏接隊友都會失望。」

這樣的想法漸漸成為真實，我們也相信了。其實沒有人說什麼，但我們假定大家想的都一樣，都會說：「你接球接得很爛，我們很失望。」我們甚至會想得更多，認為對方不希望我們留在球隊裡。

沒有人說任何類似的話，但我們卻把這些話投射在他們身上。於是，我們開始將他們當成鏡子，但鏡子是自己創造的。當其他人看著我們時，所見和心裡所想會與我們一樣。假如我們批判鏡中的自己，就會相信其他人也批判我們。

我與妻子在浴室中擺了一面有放大功能的鏡子，取名為「恐怖鏡」，因為它讓我們看見一般鏡子看不到的東西。假如需要拔掉一根小刺的話，這鏡子就很好用，但普通情況下，它只會凸顯出臉上每個細微的缺點。假如我們透過恐怖鏡來審視自己，並假設每個人都像挑剌般仔細地檢視我們，那問題就大了。

聚焦於每個小缺點，會使我們只用負面的眼光解讀自己。

從小時候就開始了

嬰兒出生時什麼能力也沒有。他們沒辦法餵飽自己、不會換尿布，基本需求需要其他人來幫他們完成才得以生存。照顧嬰兒不會讓我們感覺很差，因為我們了解長大就是這麼回事，我們的工作就是幫孩子做好準備。

我們知道，隨著時間過去，孩子能學會自己來。我們不期待他們成為專家，但他們自然會去嘗試，並培養自己的技能。我們評估後可能插手，但他們終究會學著滿足自己的需求。假如無法做到，那就是某些地方出了問題。

在接下來的幾十年中，我們一邊提供孩子所需，一邊期盼他們越來越有能力照顧自己。他們漸漸發展，對我們的需求越來越低。我們將人生的主權和照護都轉移給了他們。目標是讓他們進入社會時做出聰明的選擇、滿足自己的需求。

當然，有些人有生理、心理或情緒上的先天障礙，需要不同程度的照護。然而其他人各方面都肯定會漸漸成長。他們學會滿足自己的生理需求，發展思考能力，並學會尋找內在的安全感，而不需要追求別人的認同。

這幫助我們建立穩固的基礎，讓我們能向外發展，以自然且健康的方式投入其他人的人生。建立自我形象並不需仰賴他人肯定，你能自由地和人互動，不期望回報；能從準確的鏡子中看見自己，也能清楚地看到其他人。

有人在這樣的轉換過程比較顛簸。原因可能是他們從前沒有學到滿足自身需求的能力，而且到成年還未處理。或許他們的環境只教會他們該想什麼，而不是該如何思考。以致很難判斷好壞，並自信地抉擇。

情緒在所有發展中相對不容易。健康的人們在成長中學會對自己感到滿足，了解到自己的價值取決於「我是誰」，而非「我的能力」。這樣的人在包容的環境中茁壯，而不只是注重表現。他們的鏡子面向自己真實的內在，建立起內在安全感，所以能準確理解周圍的看法，並基於安全感判斷真相。

大多數人在這個部分面臨許多考驗。成長過程中，或多或少都有人讓我們感受到自己的不足。假如內在安全感足夠，就能自行分辨這樣的批判是否正確。但假如缺少安全感，我們就會看到錯誤的鏡子。鏡子失效的話，你就只能在其他人的哈哈鏡裡，徒勞地尋找真相。

寫本書時有些人問我：「你在寫些什麼？」我答道：「我在寫一本關於討好人的書。」

回話幾乎都是：「天啊，我真需要看看。」進一步探問，他們會說：「我總是在討好別人，總是擔心別人的想法，甚至為了讓別人快樂而捨棄自己真正想要的。」討好成為多數人的行為模式，而當事者卻總希望找到自由。這個傾向深深刻劃在內心，讓他們看不見出路。

討好，但不給自己徒增負擔

如前所述，我讀過的書與文章大都強調「討好別人有多糟糕」。它們指出我們對自己做的，是為了給他人深刻印象而犧牲自己；維持表象必須保持警戒，耗盡自己的情緒能量。

它們提供的處世智慧，是不再試著讓別人開心，集中心力讓自己快樂。看起來很棒，但實際照做只會讓你倍感挫敗。關注自己而忽視周遭利益的人，就是在建構一種自私的生活方式和友誼。我們希望快樂，但孤單的人很難快樂。這就是過度關注自己的結局。

怎麼做可以得到發自內心的安全感？找到真確的鏡子，看見自己真實的內在就可以嗎？

分為兩個階段：

1. 找到自己獨特的價值，而非盲從其他人的意見。
2. 用這樣的獨特之處來幫助他人。

我們不再會為了自我感覺良好才幫助他人，而是因為自我感覺良好，於是可以幫助他人。

假如能建立穩固的自我價值和安全感，我們就不再需要避免討好。討好這時成了我們影響其他人生命的強大工具。

該怎麼改變？首先，得先找出自己是哪個類型的討好者，才能決定下一步該怎麼做。我們可以發掘真實的自己，以及這對未來代表的意義。

第2章

我是哪一種討好者？

你不需要燃燒自己來溫暖他人。

無名氏

討好別人的資歷越久，就越難意識到這件事。這個模式再自然不過。可能我問：「你總是討好別人嗎？」而你直覺地答：「不會啊。」

這種回答背後有兩個因素：

1. 你知道自己會討好別人，但你不希望讓我產生負面看法。因此，即便你知道是事實也不會承認。

2. 你沒有察覺到自己在討好，而這已經內化成你的一部分了。這是你的自我認同，你沒辦法想像其他情況。

就像是房子的地基：你知道每棟房子都有地基，但除非出了什麼問題，否則你根本不會想到地基。

舉例來說，我們買房子都會先從頭到尾看過一遍，最後才完成簽約。這時我們可能會看到一堆問題，覺得非改變不可。

「這裡的護壁板太舊了，得立刻換新。」

「這些絞鍊都生鏽了，得全部清掉。」

「車庫的門壞得差不多了，可能很危險，得換成新的。」

搬進新房子後，擺設家具、安頓好的時間似乎總是比預想的更久。接著，我們得繼續工作，繼續過日子。新房子那些本來讓人焦慮不已的問題，似乎不再迫切，很快就被我們拋到腦後。

問題還是在那裡，只是我們慢慢習慣了，不再注意到而已。習慣討好別人就會導致這樣令人熟悉的模式。孩提時期，我們追求其他人的認同和肯定。假如得不到，我們就會想方設法，一再重複有效的方式，直到成為習慣。隨著時間過去，這些行為都變成無法自拔的癮頭，我們開始需要定期的「認同快感」。這是我們選擇的毒品，但我們卻欺騙自己：我們沒有上癮。

這是個難題，因為這癮頭帶給我們的結果很高尚：幫助他人。因為結果是好的，所以我們可以輕易合理化自己的行為。我們越是討好別人，就能讓別人越開心；別人越開心，就可能越喜歡我們；別人越喜歡我們，我們就能越愛自己。

然而，別人沒有義務愛我們，那是我們自己的事。

誠實地看一眼鏡子

任何恢復過程的第一步，都是承認問題。討好者的這一步特別困難，因為他們太想要幫助他人，為人服務。然而，「幫助他人」和「希望自己在別人眼中樂於助人」是不同的。前者很健康，是發自內心關心他人；後者卻很自私，只是利用他人滿足自己的需求。

我們從澄清開始，需要先拿出「恐怖鏡」來看清楚自己的動機。一旦能正確清晰地看見自己，就能邁出治癒的第一步。

接下來的測試，目的是幫助我們看清楚目前討好症狀的嚴重程度。讀完每個問題後，請回答最接近直覺的選項。不要花太多時間思考答案——假如你是個討好者，這點格外重要，因為你已經習慣回答你「應該」說的話。請盡可能地誠實，因為目標是要釐清自己，而不是要表現給別人看。

不要一邊回答，一邊在心裡加總你的分數；標註好一到三十的題號後，記下每個答案就好。這可以讓你回顧最能凸顯問題的部分，以及需要投注最多心力改變的地方。討好者或許擔心其他人看到答案會輕視自己，這就是為什麼要另外寫下答案，而不是記在這本書裡。完成之後，你隨時可以把答案撕碎。

「討好健康指數」測驗

接下來的問題，請在「總是、經常、有時、很少、從不」五個選項中選出最符合的答案：

1. 你經常焦慮、憂鬱、頭痛、胃不舒服，或是背痛嗎？
2. 你會為了避免遭到批評，而逃避衝突？
3. 人們曾告訴你，你是他們遇過最好的人嗎？
4. 你會把負面的感受壓下嗎？
5. 你曾在很想拒絕時，卻答應請求？
6. 因為害怕別人不喜歡你，而無法想像你為了自己挺身而出？
7. 你經常想知道別人對你的看法嗎？
8. 你年幼時，是否因為表現出憤怒而遭到處罰？
9. 你認為自己是完美主義者嗎？
10. 拒絕別人會帶給你罪惡感？

11. 會因為怕被別人看到，而不敢寫日記？
12. 你曾覺得很難開口向別人求助嗎？
13. 你總是讓客人待得太晚嗎？
14. 別人不讚賞你的成果，會讓你感到受傷嗎？
15. 你會為了避免遭到拒絕或誤會，而修改事實嗎？
16. 你會批判自己過去的決定——和自己過不去？
17. 你會隱藏自己的感受嗎？
18. 你總有做不完的待辦清單，快把自己逼瘋？
19. 你很難獨立做出決定？
20. 即便不是你的錯，你仍會選擇道歉？
21. 你多常覺得自己身不由己，不得不討好，而且情況一直惡化？
22. 當別人抱持不同意見，你會讓步？
23. 你會為了討好而稱讚他人？
24. 你曾期待被誇讚而提早上班或加班？
25. 你會時常拿自己與他人比較嗎？

26. 別人在抱怨某件事，你不認同某些部分，卻保持沉默？
27. 你只願意嘗試有把握的事？
28. 對你來說，付出是否比接受更容易？
29. 面對不良的服務或產品，你決定不反應也不抱怨？
30. 你很在意自己的形象嗎？

用以下的量表計算你的分數，再加總起來：

總是＝四分
經常＝三分
有時＝兩分
很少＝一分
從不＝零分

以下是分數代表的意義，

• 總分在九十一到一百二十分之間：

假如你的分數落在這個範圍，討好別人已經是你的生活模式和身分認同。甚至你或許不會意識到，但你知道自己的感覺——這已經影響了你的健康、理智、情緒和人際關係。你過度依賴其他人對你的看法，假如有人看不上你，你會覺得是自己的錯。因此，你很可能精疲力竭、緊張焦慮，甚至沮喪憂鬱。人們或許會喜歡你，但你認為這是因為你裝出他們喜歡的樣子；假如他們認識「真正的你」，或許就不會這麼想了。

這是身分認同的階段，討好的需求太過強烈，定義了你這個人。你無法想像不同的做法。幸運的是，有一些簡單的練習可以幫助你快速看到轉機。在這本書裡，你將學會如何成為世界級的討好者——而唯有建立穩固的內在自我認同，才有可能如此。唯有健康的狀態，你才能自由地討好其他人。

• 總分在六十一到九十分之間：

假如你的分數落在這個範圍，討好別人並非你的全部——但你大概會一直惡化下去。你已經練習討好別人夠久了，連對別人的看法也受到影響。或許在人生中，你會有一些可以展現真實自我的朋友，但他們是少數例外。別人的看法對你影響巨大，無論是真實的或推測出來的。跟你越是親近的人，可能讓你越是痛苦，你或許會恨他們不夠欣賞或珍惜你。為了自己的利益，你還是會花大量心力去討好別人，而這令你非常、非常疲憊。

這是習慣的階段。在這個階段，你的決定將左右未來的發展，是惡化成身分認同，或轉變為健康的生活型態。幸運的是，若想要朝正確的方向前進，只需要做出相當簡單的抉擇。在後面的篇章中，你將學會一些簡單而實際的步驟，立即開始改變自己的人際關係。

- 總分在三十一到六十分之間：

假如你的分數落在這個範圍，你對於自己仍保有相當符合現實的認識。你可以覺察自己討好的傾向，或許也能意識到自己這麼做的理由。這還是有風險，因為你會看見偽裝自己時，從其他人身上得到的正向回饋。正向的回饋越多，就越容易重複這類行為，建立起負面的行為模式。

這是例行公事的階段。是時候正視事實並做出行動了。在這個階段，要痊癒是最容易的，因為這只是不健康人際關係的初始階段。你還是得下定決心成為自己的主人，所幸發現得早，過程不會帶來負擔。你溫暖體貼、喜歡伸出援手，但你得探討背後的真正目的。

- 總分在零到三十分之間：

你或許偶爾會有討好人的衝動，但你懷抱健康的自我認識。你的價值不因為其他人的觀點或行為而改變，你也有能力接受有建設性的批判，或無視沒有意義的個人意見。假如有人認為你不體貼、不敏感，也不會影響你的自我價值。

這是健康的階段。然而，就是有人知道如何踩到你的痛腳。你在其他人面前都沒事，卻發現自己特別不擅長應付某些人或情境。對你來說，最有意義的會是學習辨識出這些情境，以及控制自己的認同和情緒。這本書的步驟將成為你的工具，在需要時給你幫助，因此你不需要立刻開始使用。

圖 1　我是哪一種討好者

分數	階段
91 ～ 120	身分認同
61 ～ 90	習慣
31 ～ 60	例行公事
0 ～ 30	健康

不只是測驗

誠實面對自己可能讓人不安，特別是當我們已經自我欺騙了這麼久。畢竟，討好成了自我防衛機轉，帶來的總是好的結果。我們越謹慎地偽裝自己，就越可能連自己也一起騙過。

我在演講生涯初期發現了這個真相。我用許多故事來佐證自己的論點，而許多故事都來自我的人生經驗。一開始，我會一邊說故事，一邊留意觀眾的反應。假如沒有任何反應，我就不會再用這個故事；假如反應很好，我就會一說再說。

為了讓效果更好，我開始無意識地調整說故事的方式。故事本身符合事實，但為了得到更好的回應，我修飾細節。每次說故事，我都會在心中描繪整個情節，再描述此情景。

某天，當我一如往常依照內心的圖像說故事時，突然醒悟道：故事已經大幅偏離事實。我對「新」版本越發熟悉，相信它正確。我覺得「心中影像就像錄影畫面般清晰——但明明真實的情況並不是那樣」。

我相信的是現實改編後的版本。

當晚回家途中，我思考著其他隨著時間改變的故事。我發現自己上了當，我被自己給騙了，於是暗自承諾，未來只說符合真實的故事。我會繼續精進演說技巧，但會維護自己的誠信正直。

討好測驗分數對應的結果，也許是你原本不期待看到的。就像是醫生在開立處方箋之前，都必須先仔細地檢查和診斷，在改變之前必須先知道真相。

現在可以按以下兩個步驟，藉測驗看清方向：

- 仔細思考測驗結果，專注在與你相關的解釋。看清楚自己現在的模樣。判斷一下這些敘述是否符合你的狀況，你又該如何改變，才能更貼近真正的自己。
- 回顧每一題的答案，花些時間檢視你回答「總是」或「經常」的問題，想想這如何反映了你的人生。哪些情況下，最符合題目的敘述？當你意識到問題後，你的感覺是什麼？

這些可以一步一步探索，過一陣子也可以再回顧。漸漸地，你對於現狀就能看得越來越清楚。到時，真實的鏡子會取代討好別人的哈哈鏡。

接著，你會努力走完這本書的旅程。我們將為你開發出客製化的處方，帶領你回到健康的價值觀點。最棒的是，你會發現這些步驟出乎意料地簡單——只要你以真相為起點就足夠了。

發掘自己真實的人際關係後，下一步呢？討好的行為讓我們難受，但我們大半輩子維持這樣的思考模式，又該如何找到未來的希望？我們該如何逃脫，如何找回完整的自己？

就讓我們從清楚的「未來的我」形象開始。這會指引你方向，接著我們再從實務面著手。

第3章 把好人面具摘下

我得走了，我得去當別人才行。

無名氏

以下的情況似曾相識嗎？

- 你站在擁擠的電梯前，準備下樓到大廳。電梯門打開，你踏出電梯——卻發現走錯樓了。每個人都看著你。你會回電梯，還是讓門關上等下一班電梯來？
- 公司為了某個剛生孩子的同事舉辦線上募款。你希望收到禮物的人知道你有所貢獻，但這麼做會讓大家都知道你出了多少錢。你本來計畫只出十美元，不過其他人都至少拿出二十五美元。你會改變自己的數字嗎？保持原本較低的金額？還是選擇匿名？

- 你在買咖啡時選擇刷卡，接著店員轉過螢幕讓你打小費。服務不夠好，原本甚至想乾脆不給。但店員就在旁邊看著你。你會填反應真實感受的數字？還是選擇比心理數字略高的金額？
- 你走進餐廳的單人廁所，把門鎖上後，看到裡面一團混亂。有人在外頭轉動門把，你知道自己出去的話一定會被看到。你不希望他們認為是你弄的，但你也沒有義務幫忙打掃清潔。這時怎麼辦？
- 你的朋友選了一間很棒的餐廳，甜點是招牌。你很期待品嘗看看。然而，當服務生問大家要不要甜點時，其他人都說：「不用，謝謝，沒關係。」你還是會點嗎？

這些情境都有個共通主題：擔心別人對我們的看法。我們都希望自己在這種情境下有必要的勇氣。然而，我們在身歷其境時，卻很難做出真正想要的決定。

為什麼？因為我們相信不合群會引來批評，即使其他人沒有說出來也會這樣想。對討好者來說，被評判是痛苦的事，所以很難順從真心。因此，我們會逃避令人尷尬難受的危險，並做出馬上就後悔的承諾。

就如同著名媒體人羅伯特・奎林（Robert Quillen）所說：「我們用自己沒有的錢，去購買我們不需要的東西，只為了讓不喜歡的人另眼相看。」這就像是靠信用卡生活——做出當下無痛的選擇，卻得在未來付出長遠的代價。

負面評價較可信

我們都希望自我感覺良好，這是人類所有行動的根本動機。自信和肯定讓人較可能大有所為。自卑不安則會敗事有餘。假如內心「破碎」，我們會覺得什麼都做不好，因為外在的形象和內在有強烈衝突。

當我們將自我形象建立在其他人的看法上，就會相信他們所說的一切。即便對方什麼也沒說，我們仍然會認定自己準確推斷他們的想法——而這些想法幾乎總是負面的。

聽起來似曾相識？比起正面看法，我們更輕易地相信負面看法——當別人對我們做出負面評論，那就是事實；正面看法則代表對方在拍馬屁，或是他還不了解自己。我們總是無視肯定的言語，卻過度強調負面的批評。

被讚美，不開心

從許多情況看來，這句名言有漏洞：「棍棒和石塊可以打斷我的骨頭，但言語永遠傷不了我。」因為斷掉的骨頭會痊癒，但言語的傷害可能影響一輩子。言語造成的傷口很深，幾乎形塑了我們面對一切的心態。

我們於是認為，讓自我感覺良好最好的方法就是討人喜歡，因此偽裝出別人會喜歡的模樣。我們忽視自己的獨特，認為光是特別還不夠。我們放棄自己的需求只為了滿足其他人。我們把所有的心力都耗費在塑造出樂於助人的形象、關心人的形象，以及——沒錯，好人的形象。

這就是問題核心。我們不再努力追求讓自己快樂，轉而追求其他人的快樂。一個人只有足夠的力氣來照顧好自己，不斷想討別人開心就會失去能量、精疲力竭。

成長過程中，我們不太確定如何讓其他人開心。因此，我們尋找榜樣，也就是擅長討好的人。我們會向總是能得到正面回饋的人看齊。學習他們的人格特質，模仿他們的態度、行動和言語。「像他們一樣就能人見人愛了。」我們如此相信。

這就是萬劫不復的開始。一旦相信需要偽裝自己，就會開始營造虛幻的表象，試著讓其他人都相信。在模仿別人的過程漸漸將失去自我，並開始相信自己編出來的故事，相信這空洞的假象。

偽裝會發揮一陣子的效果，讓我們獲得更多正面回饋。但我們知道，其實對方回應的不是「真實」的自己，因此讚美變得不再吸引人。我們察覺對方並不真正了解我們，也不會喜歡或認同真正的我們，而後，就再也不會脫下自己的偽裝。

偽裝到後來厭世

偽裝的人生就像是偽鈔，外表真假難辨。錢包裡混入偽鈔時，我們可能完全不會注意到。然而只要仔細看，就會發現一點價值也沒有。

為了別人偽裝自己時，我們也精進了偽裝的技術。起初笨拙而充滿破綻。為了誘導別人相信自己的偽裝，持續練習技術。我們了解其他人的喜好，努力營造那種形象。熟能生巧，編造出越美好的虛像。我們不會問：「你覺得我裝出來的這個假象如何呢？」

只會觀察其他人的反應，將他們當成鏡子。我們將自己的價值建立在他們的反應上，就像是不斷使用假鈔，希望沒有人發現真相。

我們可以從偽裝中學到許多事：

偽裝者是追求精準的工程師，而非藝術家。他們要的不是發揮創意、表達自我，而是盡可能準確，讓別人相信假鈔是真的。

之所以稱為偽裝，代表有真品存在。就定義上而論，複製品就不是原創，而是對真實存在事物的仿製，代表真品是存在的。就像是有些不上教堂的人說：「教會充滿偽善者。」這代表真正的善在這世上確實存在，人們才能如此偽裝。

真品越有價值，人們就會花越多時間在模仿上。比起一元鈔票，偽造者會花更多時間來製作百元鈔票。由於偽造需要大量時間和心血，他們不會浪費在低面額的鈔票上。這就是為什麼商店會檢查百元鈔票，但不會看一元鈔票——畢竟損失的差距高達一百倍。真品的價值越高，偽造的過程就會越仔細。這就是為什麼討好這麼令人心力交瘁。我們得極度努力，才能讓別人相信偽裝是真的。

想看破偽裝，就先研究真品吧。合作過的銀行主管告訴我，銀行在培訓櫃員時，會讓他們經手大量真鈔。受訓者對真鈔的質感夠熟悉後，往往一摸就能分辨出假鈔。他們仔細研究過真鈔的細節，所以假鈔的差異顯得一目瞭然。

不完整的大人

或許你是個討好者。即便不是，你大概也認識幾個這樣的人。然而，你並不知道他們的動機，或討好如何抽乾了他們的靈魂。你或許只看見了他們的正面人格特質。

- 簡單來說，他們就是你遇過最好的人。每次碰面都精神抖擻，對你不斷稱讚鼓勵。
- 你不會頻繁拜託他們，但你從過去經驗知道，只要開口，他們永遠都會答應。你可以確定他們會站在你這邊。
- 他們永遠對你的近況感興趣，卻很少聚焦在自己。事實上，他們被問到比較私人的問題時會快速回答，再把焦點轉回你身上。
- 他們非常可靠，總是能準時完成任務。

- 他們隨時準備好伸出援手，總是第一個挺身而出。通常在你開口之前，就察覺到你的需求，並給予協助。

聽起來很棒吧？他們總是帶給每個相遇的人正面的影響，讓人們樂意和他們相處。假如我們內心很不安，他們會成為效法對象。這種渴望如果有健康的出發點，就無傷大雅。它就像是回答了「我們長大以後想變成誰」，並演示與他人互動相處的有效方法。然而，只看表象的話，我們不會真的知道內在發生什麼事。對不健康的討好者來說，內在的邪惡多半必須妥善隱藏。

- 他們從不超過期限，但在過程中或許承受極大的壓力，並不斷拖延。
- 他們計畫照顧自己，但卻犧牲這個部分，優先迎合他人。
- 他們認為自己不值得別人的愛與接納。
- 或許有人喜歡他們（甚至多數人都喜歡他們），但這樣還不夠。即便只有一個人不認同，他們都會竭盡全力要對方回心轉意。
- 他們投注極大心力去維繫人際關係，假如感受到對方的不滿，甚至願意放棄自己的界限。

- 只要稍微為自己做點事，他們就會覺得自己太過自私。
- 他們其實厭惡自己總是如此讓步，也不喜歡和他們太過相似的人（他們覺得這樣的人很軟弱）。
- 他們隱藏真實的自己太久，漸漸忘了自己的模樣。
- 由於必須隱藏自己，他們成為欺騙偽裝的專家。
- 他們通常是遵守規矩的完美主義者（至少外表如此）。
- 假如有人對自己不滿，他們就覺得做人失敗。

根據市井字典（Urban Dictionary）的定義，「討好者」是「相信自己比地球上多數人都還糟糕，但必須在所有遇到的人面前隱藏這一點」。因此，我們表現在其他人面前的，宛如好萊塢電影的場景，每一處看起來都很完美，但假的布景後方都只有鷹架支撐。我們忙著彩繪外觀，於是沒有足夠時間搭建結構和裝潢內部。外表看起來真的很棒，多數人都眼睛一亮。然而，我們不會得到真正需要的，因為我們知道，人們看到的只是假象，而非現實。

我們都希望被接納，也會盡全力達成目標。從我們購買的東西就可見一斑：花更多錢來買炫目亮眼的汽車、衣服和高爾夫球桿。

不過，既然每個人都這麼做，其他人大概最終也不會特別注意到我們。

第二部分

善良者
面向世界的五個不安

Fear Factors

近年來，密室逃脫成為熱門的團體活動。參與者到了活動場地，被「鎖」進一間特定主題的房間，比如說監獄牢房、山洞、手術室等，必須在限定時間內逃脫。破解的方法很隱晦，需要團隊合作來擬定策略。玩家會四處探索，找尋線索，並解開謎題來找到脫逃的「鑰匙」。

一開始，破解謎題似乎難如登天，過了三十到四十分鐘依舊非常困難。某些隊員會因為解開任務而興致勃勃；其他人可能覺得毫無希望，決定直接投降，等遊戲結束後工作人員來接他們。

問題總是會有解決方式，只是比較晦澀難懂，需要策略思考和團隊合作。

討好者的情況也差不多。大部分討好者一生都這麼做，彷彿身處於名為「人生」的密室中。進房之後，就無法退出遊戲。他們看見找到解答的人，但卻覺得自己依然受困其中，於是放棄希望。他們討厭這個遊戲，卻繼續奉陪，因為有某種恐懼使他們不再嘗試。

這些人到底在怕什麼？有許多可能，但討好者最大的五個恐懼如下：

- 我需要你喜歡我：怕（被）拒絕
- 我需要你不生我的氣：怕衝突

- 我需要你的關注：怕被忽略
- 我需要你的肯定：怕自己不夠好
- 我需要被你需要：怕自己不重要

我看過許多關於討好的書，幾乎都教我們要專注在自身需求，而非他人需求。這樣做短時間有效，卻是治標不治本。我們**雖然感覺好些了，犧牲的卻是同情心**，並且會認為必須根除討好人的傾向。

不好好處理這些恐懼，會讓人感覺像是在地下室裡充滿了蟑螂。我們可以關門再密封門縫，讓蟑螂不會跑進廚房。我們可以把房子打掃乾淨，舉辦晚宴派對，但我們永遠知道，蟑螂在暗處不斷繁殖著。我們永遠會擔心，它們或許能找到其他方法進入屋子。

唯一健康的解決方式就是根治問題，即了解並面對困住我們的恐懼。這是我們逃出密室的方法。唯有先得到自由，我們才能逐漸成為世界級討好者。我們將不再受到自己的恐懼所限制，而能開始影響其他人的人生。

健康的討好者能改變世界，而第一步便是處理那些困住我們的恐懼（蟑螂）。當我們將燈光打在蟑螂上，它們就四散亂竄。有些恐懼的應對方式，是了解之後改變行為；

有些或許會需要專業的除蟲大師——也就是諮商師或治療師。

讓我們一起打開地下室的門，看看裡面有什麼吧。我會帶殺蟲劑，你負責拿好手電筒。

現在是面對蟲子的時候了。

第4章
我需要你喜歡我：怕（被）拒絕

不要害怕你的恐懼。恐懼的目的不是嚇你，而是要讓你知道某些事物的價值。

作家 喬伊貝兒（C. Joybell C.）

高中時代，我邀請一個不太熟的女孩參加返校活動。她拒絕了。開口邀請其實有違我的本性，因為我對拒絕很敏感（或至少我這麼覺得）。我從來不願意冒這個風險，除非很肯定對方會答應。少數經歷過的拒絕，都讓我痛徹心扉，而我可不想再承受一次。

但我的生活太過乏味。我不需要面對拒絕的痛，但也沒有任何斬獲。沒有痛苦，也沒有收穫。就是這麼平淡的人生。

這或許是驅使我冒險的理由。一方面，我害怕她會嘲笑我竟敢開口邀約；但另一方面，我必須試試看。我很確定她不會答應，但假如我不問，就是在擅自幫她做決定。

我不認為她有男朋友，也從沒想過她可能已經有對象了（雖然舞會就在隔天）。我知道她參加學校的啦啦隊，卻沒料到她參加了返校舞會皇后的選拔。她有機會雀屏中選。假如我事先知道，大概就會說服自己放棄了。

我鼓起勇氣撥了電話。我不記得自己說了什麼，但多半是很尷尬難堪的邀約。但我清楚記得自己等待她的答覆，準備好面對不可避免的拒絕。

她拒絕了。但她的說法如此優雅委婉，絲毫沒有讓我心痛。她說已經和家人約好，美式足球比賽後要一起出門，並深深感謝我邀請她。這或許只是藉口，但她向來真誠，所以我當時認為她說的是實話。

拒絕並非總是如此。拒絕通常很痛苦，而且會持續很久——甚至持續一輩子。因為害怕被拒絕，**我們選擇不去追逐自己的夢想**；因為不想再承受痛苦，我們可能無法向前邁出一步。

這是我們成為討好者的理由之一。對於拒絕，我們甚至連想都不願意去想，所以設法確保沒有任何被拒絕的機會。這可能有兩種做法：

- 我們從不開口要求（對方就無從拒絕）。
- 面對別人的要求，我們總是答應（他們就不會失望）。

做一張拒絕集點卡

一般來說，拒絕並不會阻止我們冒險，對拒絕的恐懼才會。阻礙我們的不是現實，而是可能性。一切都存在於我們大腦中。我們用特定的方式看待自己，並假定其他人也有相同的感受。即便沒有任何事實基礎，我們都成了業餘的讀心師。

拒絕是人生中很正常的一部分。不是每個人都會答應我們的任何要求，冒著拒絕風險時感到緊張也是很正常的。在找到工作前，我們可能會被拒絕好幾次；在談成交易前，我們可能得打好幾通失敗的推銷電話；我們可能會發表一些其他人不同意的看法。

健康的人終將學會面對拒絕的失望。對於討好者來說，拒絕卻會對自我價值帶來沉痛的打擊。當其他人成為我們的真實之鏡，我們就會處處受到對方看法的擺布。我們的努力被否定，當要求被拒絕，對方不只是說了「不」，我們聽到的是對於自我人格的批判。

假如我們能學會用不同的方式看待拒絕，就能學會接受隨之而來的失望，不致受打擊。拒絕這時不再令我們原地踏步，而成了成長與成熟的養分。

幾年以前，我讀到一篇文章，講述一名男子非常想成為暢銷作家，並為熱門的雜誌寫專欄。這是在網路和電子郵件之前的事，所以得靠一般的郵件來投稿。你寄過去的信件要包含貼了郵票的回郵信封，編輯才能給你以下兩種回覆的其中之一：「刊登通知」，說明他們接受了你的投稿；或是「拒絕箋」，通常是制式化的印刷物，告訴你他們不想要。

這名男子相信自己不是好作家，作品永遠不會刊出。但他決定把投稿當成遊戲，看看自己的投稿可以收到幾張拒絕箋。每次收到就貼在狹小書房的牆壁上。他的目標是把拒絕箋當成壁紙，貼滿整個房間。

他把第一個提案寄給編輯。大約兩個星期後，他收到有禮貌的拒絕信，於是立刻貼到牆上。他持續投稿給不同的雜誌，也不斷被拒絕。他很開心地發現，才幾個月的時間，他的牆上已經累積了七張拒絕箋。進步的速度比他預期的更快，他充滿繼續努力的動力。

然而，無法想像的事發生了：一位編輯接受了他的投稿。這對他的壁紙計畫是一大打擊，但他試著把這當成小小的波折。當然，對方寄來一張支票，有效地安撫了他的失望。

他繼續投稿，繼續被拒絕。但接著，只經過六次拒絕，他的投稿又被接受了。

你大概能猜出接下來會怎麼發展。他繼續投稿，繼續被拒絕。但於此同時，他的文筆也因為持續投稿的練習，而不斷進步。他的投稿越來越常被接受而非拒絕。他未能完成偉大的壁紙計畫，接下來的職涯一直都是全職的自由作家。但即便如此，他還是會收到拒絕箋。這不代表他失敗，而意味著他不放棄嘗試；而拒絕只是過程中很自然的一部分而已。

我的生涯中也收過許多拒絕箋，即便現在也是。最初，我覺得很難接受，因為內容往往是：「謝謝您的投稿。不幸的是，稿件內容並不符合編輯部當前的需求。」包含我在內，大多數的作家都會這麼解讀：「你是個糟糕透頂的作家，最好不要投稿了。」信箋拒絕的是我的文章，但我卻認為是我本人被拒絕了。

假如我們可以學習將拒絕看成別人的意見表達，而不對自己的人格做出任何批判呢？如此一來，拒絕就不再可怕，因為那只是其他人的觀點而已。只要了解到，拒絕傳達的是某人的特質或觀點，而與我們本身無關，就能在別人批判我們的作品時，依然自在地做自己。我們通常會把自己的行為和人格連結在一起（其中之一遭到拒絕，代表另一方也受到否定）。但在其他人眼中，這兩者通常是分開的。

這意味著，我們不會再因為別人拒絕而痛苦嗎？完全不是。痛苦是人生經驗的一部分，完全正常。感受到痛苦代表我們很健康。人生中充滿無法避免的拒絕，如果想要逃避，才是不健康的。

懂得「拒絕之道」，人緣更好

接下來就是比較麻煩的部分了。假如我們討好是為了避免被拒絕，那我們會認為這是在保護自己。事實上，這卻讓我們更容易被人操控。當人們發覺我們總是答應，就會用更刻意的方式包裝要求，讓我們充滿了不得不答應的罪惡感。

「我想知道自己在臉書上有沒有真正的朋友。若是你想繼續聯絡，就在這篇文章下回覆『是』。」

「在這場婚宴中，我們希望能錄下您給新郎與新娘的婚姻建議。我們會逐桌錄影，所以請想好要說什麼。」

「這個星期六可以幫我搬家嗎？我的家人無法幫忙，他們太自私了。但我知道你會挺我。可以嗎？」

當我們同意這類請求，通常內心都感到憤恨，因為我們並不真的想這麼做。我們同時也在生自己的氣，因為我們沒有為自己說話的骨氣。這樣的惡性循環持續下去，會讓我們感覺深陷於自己的軟弱中。

所以在回答之前，應該先問問自己以下問題，來檢視自己的動機：我是真的想要這麼做，或是希望別人看見我這麼做？

我們不願意冒拒絕的風險，是希望保護自己不受到傷害和痛苦；然而，這麼做的代價要高得多了。例如：

- 我們失去成長和探索的機會。如果不冒著某種程度的風險，我們會一直困在當下的情境。就如俗話所說：不入虎穴，焉得虎子。

- 如果我們不說出自己的想法，就會錯失影響別人，幫助別人改變觀點的機會。
- 假如不和家人與朋友分享真正的感受，那麼連我們最深刻的人際連結也會顯得膚淺。
- 我們可能成為每個人的「萬用鑰匙」。人們有任何需求都會找我們，讓我們漸漸累積憎惡感，阻礙了真正親密關係的建立。
- 為了不要受傷，我們在人際相處中退縮。但隨著時間過去，我們終將孑然一身，因為我們搭起圍牆，不讓人靠近。
- 我們錯失活在當下的感覺。這就像是出席相親時，只擔心自己看起來如何，以及對方是否會有好感，而不是享受這場聚會。

想要痊癒的其中一個關鍵，就是刻意練習，練習專注在對自由的想像。唯有面對潛在的痛苦，再加上挑戰和冒險的勇氣，魔法才會顯現。假如我們能將拒絕重新塑造為成長的工具，就能漸漸學會承受痛苦。越是這麼做，就能建立越堅定的信心。當我們的信心夠強烈，就能創造真心而坦誠的人際關係。

每次被拒絕，都是微小成功

假如你感受過拒絕的刺痛，或許會希望未來永遠不要再次發生。假如有人背叛你的信任，你為了保護自己，可能很難再相信任何人。我們在學習將拒絕正常化的過程中，初期的痛苦並不會減輕。然而，我們不該讓痛苦左右了未來的選擇。我們有能力走上不同的道路。

該怎麼做？以下簡單觀念能幫助我們踏出第一步：

1. 我們的內心知道該如何痊癒。受了傷，就給自己悲傷難過的時間。但永遠要以復原為目標。接近痛苦，學習完全體驗痛苦，待時間成熟全心投入恢復。

2. 拒絕不會打倒你，但後悔會。拒絕是發生的事實，而後悔則是影響一生的心態。覺察到悔恨時，往往都已經太遲，唯一避免後悔的方式，就是在被拒絕的那刻抱持正確的觀點。如同美國前總統老羅斯福（Theodore Roosevelt）所說：「失敗固然難受，更難受的卻是沒有嘗試過成功。」

3. 我們的一生都圍繞著我們的想法、感受和行動。不要讓想法和感受宰制我們的人生。我們可以有恐懼的想法和感受，但依然要懷抱著勇氣行動。

4. 相信自己有能力承擔重大風險。我們比自己想像的更堅強。

5. 只要你「跌倒了再站起來」，拒絕就會讓你離目標越來越近。總是懷抱越挫越勇的心態，就像音樂藝術家法蘭克・辛納屈（Frank Sinatra）寫的歌詞：「深呼吸，振作起來，拍拍泥土，重新出發。」

6. 需要別人的喜愛，才能感受到自己的價值——就代表你把他們看得比自己更重。假如你學習覺察內在的價值，就能與他們平起平坐。不自傲亦不自卑。透過這個方式建立的，才是真正的人際關係。

或許你有生以來都在逃避拒絕，對改變不抱希望。但改變是有可能的，你不需要當別人的受氣包。改變的方法是看清拒絕的本質，重新定義拒絕這件事。當然，拒絕發生時還是會痛，但運動也是痛苦的啊。只要抱著正確的觀點，痛苦能幫助我們鍛鍊討好的技術。

逃避拒絕固然能讓我們免除痛苦，但也會使人生失色許多。我們可以改變心態，看見風險的另一面，也就是可能性。前參議員羅伯特・班尼特（Robert Bennett）曾說：

「人們害怕的不是拒絕本身，而是拒絕可能帶來的後果。應當準備好面對這些後果，把拒絕看作學習，讓我們離成功更進一步。這不只將幫助我們征服對拒絕的恐懼，也幫助我們欣賞並珍惜這些拒絕。」

這是一種能用真相來克服的恐懼感。

第5章

我需要你不生我的氣：怕衝突

重要的事值得衝突。

暢銷書作者 派屈克・蘭奇歐尼（Patrick Lencioni）

魔術表演總是令我著迷。孩提時代，我會看著魔術表演，心裡想著到底是怎麼做到的。我看著不可能的事情在眼前發生。我的理智告訴我，這是不可能的，但我無法解釋自己的親眼所見。我知道這都只是魔術戲法，卻總是驚奇不已。

我有個好友當了許多年的職業魔術師。他會許多不可思議的戲法，而且拒絕洩漏其中的祕密。我曾問他：「你是如何讓我相信這些不可能的事？」

他回答：「我辦不到。是你的內心自己相信的。我研究過人的心理機制，只是好好利用了。」他又繼續說：「魔術戲法的本身不是重點，關鍵在於了解人們會如何感知發生的事。」

他向我說明，我們的視覺如何扮演了舉足輕重的角色。我們總以為自己看到的就是真相。然而，我們可以透過簡單的假象，改變人們的觀點和認知，有名的慕勒—萊爾錯覺（Müller-Lyer illusion）就是一例。

乍看之下，我們會覺得兩條線長度不同。但實際上一樣長。

這位朋友告訴我，他大部分的戲法靠的都是人們的大腦無法同時專注在每一件事上。大腦會優先處理某些訊息，判斷哪些資訊最需要注意。當我們仔細關注特定的事物上，就會錯過注意範圍以外的明顯事物。

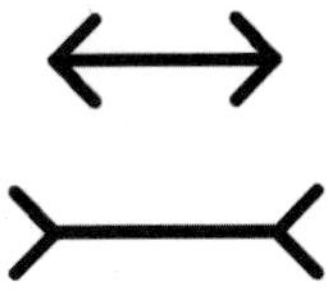

圖2　慕勒—萊爾錯覺

魔術師是欺騙和誘導的專家。討好者也是，特別是處在衝突的情境中。

當人們的意見分歧，情緒就會越來越高張。這時，只要在人群中放進一個討好者，情勢就會立刻緩和。雖然問題沒有解決，但討好者能轉移人們的注意力，並改變焦點。解決方式沒有出現，但衝突也消失了（至少當下如此）。

衝突就如變戲法般地消失了。

會吵架，關係更健康

對討好者來說，衝突大概是全世界最糟的事。衝突會波及他們的個人價值觀和自我價值，因此必須竭力避免。他們是這麼想的：

我的價值取決於其他人的看法。
我需要別人喜歡我，所以得讓大家隨時對我感到滿意。
衝突是快樂的相反。
假如出現衝突，大家就可能不喜歡我。
假如他們不喜歡我，我的價值就受到威脅。
為了確保我的自信心完好無損，我得不留痕跡地避開衝突。

討好者渴望親密的人際關係但他們誤會了，親密關係並不等於「沒有衝突」。可以看到他們極力確保沒有令任何人失望。在他們眼中，衝突是破壞人際關係最快的方法。

但事實正好相反。衝突是通往親密的捷徑，我們必須學會擁抱衝突，讓衝突成為增強人際關係的工具。短期來說，避免衝突確實比較省時，心裡也比較舒服，但就像是整天都在吃糖果——嘗起來甜蜜卻危害我們的健康。

有位學者發現，「親密關係的正向感受多寡取決於親密度的提升，而非衝突的避免」。要鞏固人際連結，避免衝突只會得到反效果。最好的方法是誠實面對自己的感受。

你或許會說：「但衝突讓我很不自在。衝突很痛苦，我不可能選擇衝突。」幸運的是，這只是一種心態。這樣的心態是錯的，卻把你困住了。「面對並接受衝突」的能力是可以後天習得的，透過一點一點地練習和累積，慢慢提升。這麼做的同時，我們也在建立信心，真誠地拉近人際的距離。

假如你一直以來都在逃避衝突，突然要開始面對衝突，感覺大概有如在一月跳入幾乎結冰的池塘裡。我們追求的不是在一夕之間變得好辯又討人厭，而是逐步冒著一點風險誠實表達自己，並以此為基礎發展下去。

我有個朋友某天厭倦了自己的身材，於是就上健身房。第一天，他就全力舉了最大的重量，也用最快的速度在跑步機上跑了好幾英里，還用遍健身房裡每個器材。

在那之後，他全身痠痛，好幾天都動彈不得。他上健身房的第一天就是最後一天。每次只要想到健身房，他就會記起這段糟糕的經驗，因而不希望重蹈覆轍。

我們會覺得：他應該從基礎開始，慢慢提升強度才對。如果應用在衝突上呢？我們之所以避免衝突，不就是害怕這樣的痛苦？我們有過太多負面經驗，所以不願意再嘗試。然而，就如同健身房本身不是問題，問題也不在衝突上，而在於我們的觀點。我們會記得痛苦，而不希望再次經歷；但我們必須從細節出發。

任何健康的人際關係都會包含衝突。讓關係免於衝突的唯一方式，就是隱藏真心的想法和意見（或是根本不在乎）。健康的衝突能讓關係更穩固，因為我們不再只有表面上的連結，而是更深入地交流了。這可能讓我們不安，畢竟我們的身分認同似乎搖搖欲墜。

假如能善加運用衝突，衝突就會是最大的優勢。身為討好者，我們沒有能力好好表達自己真實的想法反倒為了贏得正面評價而偽裝自己。一旦培養有效面對衝突的能力，就能建立起最健康的人際關係。討好將成為我們的「超能力」，因為我們有意識地影響著身邊每個人的生命。而這一切都出於我們的誠實、脆弱和力量。

你將有機會幫助別人展現出脆弱，因為他們會看見關係中的價值。你管理衝突的能力將很有感染力，讓其他人也用有意義的方式處理衝突。因此，你的所有人際關係都將變得更真誠和滿足。你會發現，以前不斷逃避衝突所追求的親密關係，其實恰好要透過衝突才能真正達到。

小時候的「乖孩子」長大以後……

討好並非寫在我們的基因之中。任何有孩子的人都知道，嬰兒從子宮中誕生時絕不是溫和乖巧，渴望討好身邊所有人的。嬰兒很自私，只在乎滿足自己的需求，這完全正常。沒有父母會覺得：你什麼時候才會養我們？為什麼總是我們餵你？

當嬰兒成為幼兒後，他們依然自私。於此同時，他們卻開始發現旁人對自己的行為會有所反應。在健康的情境中，他們會了解到，身邊的人愛的是他們本身，而非他們所做的事。父母可能因為他們的行為而生氣或受挫，但這種衝突不會摧毀孩子的自我價值。

在不健康的情境中，父母可能期望過高，因此充滿批判，實施過度嚴苛的規定。父母在愛與認同上過度保留，並因為孩子犯錯或生氣而施以懲罰。孩子在這種情況下會感到焦慮，認為做自己不安全，隨之而來的後果，是他們未來所有的人際關係都受到影響。

逃避衝突的行為模式，也可能源自好勝心過強的手足。假如父母不加以干預，劃清界線，有些孩子可能無法學會面對衝突，而自我價值也會受到負面影響。

除此之外，如果父母的原則或行為難以捉摸，孩子們就會學到要「乖」才能不惹麻煩。久而久之，他們就會體驗到父母那種有條件的接受。而他們唯一的生存方式，就是確保沒有人對自己不滿。

他們隨著人生的發展，又會有怎樣的表現呢？避免衝突將會成為他們面對每個情境的方式。成年之後，他們會展現出以下討好的行為：

- 他們的特徵就是無止盡的好意。
- 氣氛緊張時，他們很擅長轉移話題。
- 他們希望自己在別人眼中善良又脾氣好。
- 當其他人陷入衝突時，他們會出現心理學所講的「戰或逃」（Fight or Flight Reaction）的反應，試著化解衝突，或逃離現場。

- 他們假裝去在意自己根本不在乎的人。
- 他們壓抑自己真正的感受，就算內心很痛苦也依然保持微笑。
- 他們希望自己是出於在乎才幫助別人，但事實是，他們更在乎給別人留下好的印象。
- 當衝突爆發，他們又身陷其中，就會設法無限逃避爭議的主題。
- 當情緒高張，他們會試著讓每個人冷靜下來，理性對話。
- 他們專注在細節，而非真正的議題。
- 他們會利用幽默搓掉衝突。
- 他們可能會感受到強烈的情緒，但加以隱藏，不希望給人情緒化或失控的印象。由於不發表意見，別人以為他們同意了。
- 他們總是會讓步，讓別人如願以償，就算心不甘情不願。
- 為了維護形象，他們會選擇撒謊。

試想，這會對婚姻等日常的人際關係造成什麼影響？兩個人相愛後結婚。在婚禮之前，他們可能各自擁有品味、生活方式、信仰和人生觀。他們會做出自己的選擇。在婚禮之前，他們都關注於彼此的共通之處。

婚禮後六個月，他們會開始思考「你是誰？你對我的伴侶做了什麼？」。其實真正改變的事物不多，但他們漸漸注意到彼此的不同。這些不同是正常的，卻會導致衝突。

衝突爆發的原因很單純：兩個人想法不同，得找出面對的方式。根據這個定義，衝突是兩人透過溝通而成長的大好機會。然而，假如其中一方是討好者，就會認為衝突是嚴重的威脅。他們會以為，只要自己當個「好人」就能化解衝突，並拉近彼此的距離。事實上，這種行為只會讓情況更糟。

學會化解對立危機

我們越是透過衝突認識別人，就越能建立起深入的理解和同理心。衝突是通往連結的道路，值得我們學習去好好面對。

有許多書都教導我們，應當選擇衝突而非逃避。而這個章節的目的，並不是全面且仔細地說明該如何改變，因為內容太多，篇幅實在不夠。由於每個人對衝突的恐懼程度都不同，我們或許需要大量的書籍、研討會，甚至是心理治療才能解開這些根深柢固的問題。

成功的關鍵在於改變思考的方式。我們的目標是用不同的觀點來看待衝突，了解衝突在親密關係的建立中，能發揮多大的影響力。不斷逃避，只會讓我們破壞這種親密感。

要如何簡單地開始改變心態呢？

將「衝突」與「對方的反應」分開來看。

當你提起某個話題，引發某人的憤怒時，並不代表衝突就是不好的；這只是對方對這個話題的反應而已。觀察他們的反應，然後藉此來辨識出真正的問題在哪。這讓我們的注意力維持在衝突上，不會因為對方的情緒而恐懼或退縮。

在衝突發生時努力提出自己的看法。

你不需要是辯論高手或邏輯專家，找個方法簡單闡述自己的觀點就好。其他人或許會回應或攻擊你的立場（「你怎麼會這麼想？」），但這不代表你的看法就因此被否定了。你至少不再因為害怕衝突，而隱藏自己的想法。假如你不發表意見，就不會有機會創造出健康且有意義的結果。

了解到「有衝突」其實很正常。練習參與衝突，而非逃避。我們自然會想要等釐清自己的看法之後，再清楚地陳述，但更好的做法是盡快提出。不要思考太久，把真話說出來就好。說得簡短一點，簡單地再次說明，而後不需要為此抗辯。你有權利擁有自己的看法。假如有人不同意，嘗試攻擊你，也千萬不要中招。記得，你不需要在討論中「獲勝」，只是在練習參與衝突而已。

練習親身經歷衝突。比起面對面表達，用書寫或電話分享自己的看法容易許多。這不全然是壞事，但我們還是得練習面對面的能力。用寫的比較簡單，因為我們不會體驗到對方最直接的反應。但我們的目標不是成為作家，而是克服對衝突的恐懼——唯有身處於衝突爆發的對話，才有可能做到。

放慢腳步。

當情緒高亢時，邏輯就會消失。語言越來越激烈，會讓我們不知該作何反應。我們不應該立即回應他人的評論，而是要花幾秒鐘仔細選擇我們的用字。這不只幫助我們找出最適合的應對方式，也能改變對話的步調，沉靜彼此的情緒。

適時簡單地道歉。

討好者時常會過度表達歉意，認為一切都是自己的錯。學會在適當的時候，試著用以下四句來道歉（也可以按順序全部用上）：

- 我很抱歉。
- 我錯了。
- 我道歉。
- 請原諒我。

這樣就夠了。多說只會削弱力道。

挑選值得的戰場。

問問自己：「這真的值得一爭嗎？真的這麼重要嗎？這個時間和場合適合討論這個話題嗎？」

精準地溝通。

- 清楚說明你的立場，不要翻舊帳。
- 使用「我」作為句子的主體時，不要引發對方的防衛心。比如，「我討厭你都不整理床鋪」改成「每天都要鋪床讓我很受不了」會更能讓對方聽進去
- 確定對方是否理解。「你的意思是，當我（做某行動）時，你覺得（情緒）？」這會給對方澄清的機會。

腦力激盪出解決方式。

不要花太多時間反覆討論某個問題。時機一旦成熟，就立刻往下一步發展，和對方一起找出解決方案。否則，你們將永遠陷入負面的循環，而無法繼續向前進。

適當的痛是養分，讓你自發光芒

最近，我到自助洗車場洗車，把車開進吸塵區。我打開車門，發現有人把菸灰缸倒在地上。我不確定內容物到底有什麼，但我一點也不想知道。有一些菸蒂、幾個紙團，但也有幾枚硬幣和紙鈔，全都被某種黏滑的不明黑色物質給覆蓋住。

我猜裡頭大概有五塊錢。假如在地上看到五塊錢的鈔票，我一定會撿起來。但有了那堆黑色黏液，我連碰都不想碰。

我在使用吸塵器時，忍不住又想到地上那堆垃圾。萬一裡面有十元鈔票呢？我會撿起來清乾淨嗎？假如有百元鈔票呢？價值多少才值得挖出來呢？

鈔票的價值越高，我越有可能去撿。

衝突就像是埋藏在一堆穢物中的鑽石。對討好者來說，他們無論如何都想要避免。然而，學習面對衝突，就像一顆珍貴的鑽石，能幫助我們建立起世界級的良好人際關係。當然，衝突的情境可能很糟糕，讓我們不想接近。但結果會是值得的。

或許是開始挖掘的時候了。

第6章 我需要你的關注：怕被忽略

大多數時候，我都覺得自己是隱形的，
彷彿只是空氣中漂浮的塵埃，唯有光打下來時才被看見。

美國詩人 宋妮雅·索恩斯（Sonya Sones）

我最大的孫女愛維莉非常喜歡《哈利波特》。故事中，年輕的哈利和朋友們一起去霍格華茲念書，學習魔法。隨著學習新的法術，他們也得到了不同的工具和資源，來面對各式各樣的挑戰。

幾年前，我也開始閱讀這套書。雖然我不像愛維莉那樣著迷，但也讀得很起勁。我非常愛我的孫女，所以我們常常一起讀。（她目前已經看了七遍，我仍然在努力看完第一遍。）

某天早餐時，愛維莉問我：「爺爺，如果你能擁有其中一樣哈利和朋友們使用的工具，你會選擇什麼？」這題很簡單。「隱形斗篷啊。」我回答。隱形斗篷是很長又有兜帽的袍子，穿上之後可以隱形。

「為什麼？」她問。

我記得自己是這麼回答的：「這樣我就可以在別人不知道的情況下，偷聽他們對我的看法。」

那之後，我們討論了很久。

接下來的幾天，我都想著自己的答案。我意識到，從孩提時代開始，我就因為同樣的理由而希望自己能隱形。我總是追求別人的肯定。我早已展現了討好者的特質，想透過別人對我的看法來建立自我價值。

大多數的討好者其實內心都充滿掙扎。他們相信，如果關注其他人，讓自己成為背景，就能討人喜歡，因為這樣會顯得他們「人很好」，引人注目而不高調。事實上，他們認為其他人會注意到他們的好，並主動稱讚他們。但他們因為退居後方，所以很難被注意到——他們因此覺得不受重視。他們寧願得到「不隱形斗篷」，確保自己被看到。

當我們得不到想要的回應時，就會覺得自己不被看見，覺得自己是周遭事物中可有可無的部分。人們只會看見我們所做的事，而不是我們本人。我們花好幾個小時傾聽，希望讓別人覺得受重視，希望對方也能問起我們——但這從來沒有發生。我們覺得自己微不足道，我們不被看見。

別關注我，但要在乎我

壞消息是，這背後的原因終會歸結在我們身上；好消息是，這個問題並不難解決。討好者通常會想：人們從不會注意到我。他們認為，原因在於自己不值得被關注，這也銘刻在他們的自我價值中。他們相信自己殘破不全，無法被愛；畢竟，假如值得被愛，人們應該會自動地關注他們才對。

當我們刻意將別人看得比自己更重，希望因此被珍惜時，其實是無意識地讓對方忽略自己。我們的做法適得其反，在周圍隱形化。用「自己沒有價值」擴大解釋，但實際上，我們只是刻意讓自己被忽視。

現實是：大部分的人無論如何都不會想著我們。他們只想著自己——我們也是如

此。

這個現象在青春期特別明顯——我們積極地想知道自己是誰，並在世界上找到自己的定位。過程中，我們渴望融入，渴望被他人喜愛和接受，總是從他人的反應來判斷自己的表現。這消耗了大量的專注和能量。感覺被喜歡時，我們欣喜若狂；被批評或忽視時，我們就跌落谷底。

當時的我們沒有想到，其他人也都在經歷相同的過程。假如他們喜歡我們，是因為我們讓他們自我感覺良好。假如合不來，他們就藉由貶低我們來得到優越感。

不幸的是，很多人並未隨著年歲增長，而超脫這個過程。即便是四十、甚至六十多歲的人也會在他人身上尋找自我價值。他們沒有意識到，人類大多數時間都只想著自己，根本不怎麼關切他們。

我曾經聽過一種說法：每個人的脖子上都掛了一塊牌子，寫著「讓我在當下感覺受重視」。我在職業生涯中，曾與許多企業主管和生產線員工共事，這驗證了我的觀察。受重視是人類的基本需求，假如沒有得到滿足，就會覺得沒有存在感。

一個貼切的例子是，某些人加入地方教會，希望建立起充滿關愛的人際關係。而他們選擇了大型的教會，讓自己可以不受矚目地加入或離開聚會，而且不參與教會生活中重要的小組活動。他們不懂為什麼沒有人主動關心自己，卻沒意識到自己被動地等待別人跨出第一步。這對他們本來就脆弱的自我價值來說，又是一次沉痛的打擊。

撇開別人的眼光

有什麼方法能解決不被看見的問題？**主動採取行動，讓自己被注意到**。

這不代表內向要改成外向，你也不必偽裝成別人的模樣。只要在其他人面前，好好地表現出自己內在真實的樣貌。你不需要表現得吵鬧、粗魯、惹人厭，像電視廣告中的汽車銷售員。只要表達自己。

我們不能期待其他人的關注從天而降。我們得透過自己的選擇，來解決自己不被看見的問題。

大部分的人主要關切的只有自己，而較少想到他人；因此，任何能讓他們感受到重視的行動，都能讓我們進入他們的關注範圍。但這麼做時，不能懷抱虛假的動機（只為了討人喜歡而做），這會讓你很快露餡。具體策略是：

1. 學習找到自己內在的價值，不再仰賴他人的看法。透過正確的「鏡子」看見真相，建立內在的信心。

2. 由信心出發，主動關注他人的需求，讓對方感受到重視。你的動機將會很純粹，因為你不需要從對方的反應中尋求安全感。

你在什麼情況下會覺得不受重視？

- 社交場合，覺得自己是全場最不自在的人。
- 表達意見時，遭到別人批判貶低。
- 你是在場最年輕或最年長的人，覺得大家沒把你放在眼裡。
- 別人只看見你的身分（如服務生、銷售員、咖啡師），而不是你這個人。
- 你身為父母，卻只被當成孩子的延伸。
- 人生充滿日常瑣碎的事物，而你懷念曾經的刺激和活力。

如果能覺察自己會在哪些情境中，覺得不被看見，就能幫助我們決定下一步該怎麼走。我們無法期待其他人改變，只能從自己開始。

在《人性的弱點》這本經典中，卡內基提出了發展人際關係的務實建議。此書出版超過八十年仍歷久彌新，因為內容立基於人類的渴望和需求。假如我們接受這些需求確實存在，就會做出呼應需求的行動。

有趣的是，卡內基沒有在書中提到任何改變他人行為的建議。一切都建立於我們改變自己的能力。就如「意義治療學」開創者維克多．法蘭克（Viktor Frankl）在《意義的呼喚》中所寫：「當我們不再有能力改變現狀，就只能努力改變自己。」

該如何讓自己更被看見呢？

1. 負起責任。不要將自己的感受歸咎於他人。任何人都不須為別人的感受負責。你或許不喜歡某人的言語或行為，但你可以選擇如何回應。

2. 提醒自己客觀。不要沉浸在感受中。相反的，想想如果你的朋友陷入相同的情境，向你求助時，你會給出什麼建議。

3. 當你知道自己必須參與某個社交場合，先規畫好話題。設想你可能遇到哪些人，想一些可以用來開啟對話的問題。曾經有人告訴我，在大公司工作的人必須隨時想好在電梯裡巧遇的話執行長要聊些什麼（詳見我的前作《如何帶著自信溝通》）。

4. 在熟悉的人際關係中，改變你的做法。與你熟識的家庭成員或朋友們，可能早已習慣和你互動的方式。他們會預期一切維持不變，因此不太會有理由改變對你的看法。假如你在大家心中永遠是那個在聚會時煮飯、清理的人，那麼今年就安排在其他人家裡、或找個餐廳聚會。不需要問，直接安排好再通知其他人。倘若有人抱怨，是因為你沒有按照他們的預期行動。但他們總會想通的。

5. 擺脫成規。舉例來說，你或許不斷滑著社群軟體，因為他人成功的表象而痛苦不已。這時候，不要陷入比較和挫敗的心態，而是改變自己的模式。早點起床，換一條上班或辦事的路線。檢視自己的日常小慣例是否值得調整。

6. 相信你的感受。當你有強烈感受時，代表身體正試著讓你注意到某些事。放慢步調，仔細關注，和你信賴的人分享感受。許多人會想壓抑感受，甚至會批判自己多愁善感，讓自己麻木，忽視自己的需求，而不是相信並善用它。但感受就像是人生中的GPS，值得我們的覺察和關注。

7. 主動與他人交流。舉例來說，我時常會遇到看起來冷淡疏離的第一線服務人員，似乎完全不想為我提供服務。我們很容易為此挫折，在心裡埋怨他們的態度。然而，我發現只要簡單幾個字就能建立起溫暖的連結，徹底改變對方的反應。他們之所以顯得疏離，是因為把我們當成（隱形的）客人而非另一個人；他們也認定我們抱持相同的態度。但當他們感受到重視，就有了短暫建立起真正連結的機會。這不只會改變我們的感受，也會改變他們的感受。

你今天可以做些什麼，來擺脫你的隱形斗篷呢？

第7章 我需要你的肯定：怕自己不夠好

使用你的尺來測量時，我就無法達標。

無名氏

拍照時為何要微笑？

別人幫我們照相時，總是會說：「好，笑一個。」即便沒這麼說，我們仍會直覺地微笑。我們知道其他人會看到照片，所以希望建立正面的形象。無論喜不喜歡，我們都會露出笑容。

假如攝影師說：「好，現在展現出你真正的感受。」你會露出什麼表情？

每一年，我們都會收到家人和朋友的聖誕節照片。每個人都盛裝打扮，面帶笑容。

但經驗法則告訴我們，他們可能拍了五百多張照片才有一張看起來和樂融融、相親相愛的。

有時候，賀卡中也會描述當年的重大事件。通常會是每個人的成就，以及讓大家自豪的事。他們或許會提到一些挑戰，但多半是無法掌控的事件（像是病痛或裁員）。我從來沒有看過類似下面的聖誕賀卡內容：

泰瑞十月就滿十九歲了。我們快受不了他了，因為他非常不負責任（而且目前還住在家裡）。他表現太差，丟了工作，整天幾乎都在滑手機。他做任何事都會拖延，只有找保釋官報到會準時。他才剛在手臂上刺青女朋友的名字（還拼錯），兩人就分手了。我們今年糟透了，完全不知道該拿他怎麼辦。我猜這代表我們是很差勁的家長。

聽起來很誠實，對吧？某種角度來說，也讓人耳目一新——因為生命的不完美總能讓我們感同身受。

我們似乎總是想表現出最好的一面。履歷表描述的是至今最大的成就，以及最優秀的能力。我們希望贏得其他人的喜愛，所以只強調優點，而排除了缺點。

看到全家福時，你第一個注意到誰？沒錯，你自己。你希望知道自己看起來如何，因為其他人都會這麼看你。假如對自己不滿意，無論其他人看起來多棒，你都會覺得是一張爛照片。你以為每個人看到照片時，都會立刻注意到你看起來有多糟。但其他人做的事和你一樣：注意自己。我們都在比較，想知道自己和別人比起來如何。其他人也是如此。

對於討好者來說，這種情況簡直悲劇。

別讓自卑感綁架人生

當身邊的每個人都只展現出生活中正面的部分，我們很容易就感到自卑。我們會把自己的真實處境和其他人的公開形象比較，所以更加感受到自己的不足。這就是自卑的定義：覺得自己不夠好。

你過了很有效率的一天，自我感覺非常良好。你完成了許多事，覺得很安穩自在。接著，你休息片刻，看了一下社群軟體，卻掉入負面的漩渦中。

- 有人發了許多家庭旅遊的美好照片，於是你想，「真希望我也負擔得起這樣的假期」。
- 你看到「減肥前／後」的照片，發現自己一直在「減肥前」那端。
- 廣告呈現了翻新後的廚房。你發覺自己的廚房過時又單調。
- 曾經生活乏味、經濟困頓的人發文分享投資事業的成功和財富。假如加入他們，你也能逃離自己無趣的生活。

內心深處，我們知道社群網站所描繪出的圖像，其實都經過精雕細琢。我們看見別人的完美人生，而自己的難免相形失色。其他人的孩子感情融洽，他們的房子就像型錄裡那樣完美，每個人都有充分的時間休息和玩桌遊。我們會想：「相較之下，我的生活太平庸了。」越往下滑，我們就越感到不滿。

在上網之前，我們的心情不錯。一旦開始比較，憂鬱隨之而來。

最糟的是，我們以為自己看到的都是正確的。我們用自己真實的生活，和其他人塑造出的形象相比較。我們看見其他人富裕幸福的形象，對他們真正的想法和感受卻一無所知。我們忽視自己的成就和優勢，只注意到其他人擁有哪些我們所欠缺的。

說真的，你看見完美無瑕的居家環境難道都不會有一絲懷疑嗎？我時常好奇，假如攝影師不請自來地闖入家中，開始拍照，會得到怎樣的照片呢？我猜，照片裡的家應該會更像我們房子的一般狀態吧。

這不代表社群網站上的人們不誠實。大多數的情況裡，他們的確減重成功、創業有成、取得出乎意料的成果，或是踏上夢想中的假期。這是他們的個人生命旅程，讓他們感到興奮，於是想要分享喜悅。

但我們有自己的旅程，和他們的路線未必相同。當我們將自己人生的挑戰，和他人的成功相比時，就會有許多問題。我們等於是將自己的內裡與他人的表象比較。如此一來，我們當然會開始感到自卑，因為「不夠好」。

更糟的是，有些人會主動地與我們比較，透過貶低我們取得優越感。有時候很直接，有時則拐個彎。無論如何，在受到人身攻擊時，真的很難保持理性客觀。這些人有時是冷暴力的家人，或是冷嘲熱諷的同事，總是極盡所能地貶低我們。

我們習慣到高檔的街區參觀年度的聖誕節燈飾。人們會開好幾英哩的車，見證每個屋主都在試圖超越鄰居。有人推出主題燈飾，範圍涵蓋了整個庭院，有人則會用電線和燈泡將自己的布置和對街的房屋相連。有些屋主親自動手裝飾，有些則請專門的公司代勞。街上有數十戶人家共襄盛舉，只有極少數置身事外。

我們對這些例外感到好奇。他們沒興趣裝飾自己的房子，讓整個光明的街區缺了一角嗎？他們會因為不參與，而感受到鄰居的壓力嗎？

自卑的感覺很差，我們都希望能化解。這就是為什麼討好別人可以很負面。當我們只以好的一面示人，希望留下好印象時，就會變得越來越虛假。我們以其他人為鏡子，想看見自己的價值——假如對方沒有肯定我們、注意到我們，我們的自我價值就會因此貶損。如此的惡性循環會使我們越來越迫切地討好別人，只希望能更被喜歡一點。

幸運的是，我們其實不需要這麼做。

從比較心態到豐盛心態

一般來說，我們並不需要經過多年的心理治療，才能克服比較心態（雖然其中或許有更深層的課題值得探討）。通常只需要簡單的兩個步驟：

1. 覺察自己正把焦點放在其他人身上，且正在比較彼此的生命旅程。

2. 把焦點轉移到自己的旅程上，並專注於此。

當我們比較時，就是在判斷其他人是在我們之上，或是不如我們。但事實上，我們不過都是人類而已。比較，會產生分化。心理學把人們因為他人回饋、而改變自我評判的現象稱為「條件自尊」（contingent self-esteem）。條件自尊很危險，不僅使我們受制於人，也讓我們被迫迎合他人的標準後才尋得自我價值。

自卑感並非與生俱來，而是透過學習得到——有時是其他人的教導，有時則出於我們的觀察。孩提時期，我們的人生經驗不足，無法判定自己是否真的不如別人，只能就這麼接受。

舉例來說，假如每次失敗都有人告訴我們：「你什麼都做不好！」我們就會慢慢接受這個說法，並因此改變看世界的方式。由於相信自己成事不足，敗事有餘，於是就不再嘗試。這意味著我們會害怕凸顯出自己的不足，而錯失許多珍貴的機會。假如不加以覺察，這樣的恐懼會一直持續到成年。

然而，由於自卑感是後天習得的，我們也能學習放下。只需要以下兩個步驟即可。

1. 覺察自己正在比較。

很快地想想：你最後一次比較的對象是誰？是在滑社群軟體的時候，或是現實生活中的對話？你感覺如何？

假如比較讓你自卑，是因為你讓其他人控制了你的情緒。你讓其他人決定你的價值，而不是自己去追尋。其他人可能根本沒意識到這件事，因為他們只是過著自己的日子，而你自己卻一邊看著一邊有所反應。注意你在比較時有什麼感覺，把這種感覺當成信號——一旦感覺出現，就問自己是否又在與人比較了。當你覺察發生的事，就比較容易不受到比較的控制，而可以有所應對。

你渴望相互尊重的穩定關係。當我們比較，就是讓比較心取代了陪伴，而使得人際關係無法進一步成長。如同作家凱伊・威瑪（Kay Wyma）所說：「當我們選擇正視所有人那些無法衡量、無法比較的美好部分，才能得到真正的滿足——也包含了正視鏡中的自己。」

2. 專注於自己的旅程。

停止比較最好的方式，就是看見自己的獨特之處。你是世界上唯一的「你」。你龔斷了「你」的市場，沒有人可以表現得比你更好。

假如你是一隻烏龜，其他人卻要你「像老鷹一樣翱翔」。這想必非常挫折，或許看起來令人憧憬，卻不可能實現。你越是專注在成為老鷹的可能性，能用在成為完美烏龜的心力就越少。永遠都要做自己，即便你覺得自己不夠好、不夠振奮人心也無所謂。你越擅長做自己，你的旅程就會越圓滿。

我們終其一生都在比較，而發展出負面的自我形象，又該如何克服呢？改變心態就好。大部分的人都努力克服人生中負面的部分，這意味著改正所有的「錯誤」。但比較健康的做法，則是發展自己的熱忱和獨特——專注在「對」的部分。

許多理財大師都說過，我們應該把百分之十的淨收入投資在個人的成長。如此一來，我們就投注心力幫助自己成長和提升，而不只是一味修正問題。越是專注在生命中正面的部分，花在和他人比較的時間就越少。

找到你獨特的能力，好好發展，創造出自己的羅盤，才能在面臨抉擇時為自己指出一條明路。你的羅盤將成為生命的嚮導，讓你不再受到比較心裡所控制。

對於己不如人的恐懼，讓我們總是追求「勝過別人」。當你環顧身邊的人，會覺得自己必須超越他們，才能保護自我價值。

不需要當最好的，盡全力就好了。

戒掉盲目比較

那麼，我們該怎麼看待他人的成就，而不陷入不健康的比較心態呢？可以參考以下四個步驟：

避免會觸發你的事物。

一般來說，什麼事物會觸發你的比較心理和自卑感呢？注意這些事物，讓自己有意識地加以避免。

- 過度使用社群網站？那就把手機裡的應用程式移除，讓自己無法再使用，或是在周末時戒斷社群網站吧。
- 聽朋友們吹噓他們的成就？那就多花時間和那些安全感充足、不需要吹噓的朋友相處吧。
- 在逛街的時候？那就跟和朋友一起去，讓自己分心；事先規畫購物清單，不要只是漫無目的地瀏覽櫥窗。

• 開車經過高級住宅區？那就換條路線吧。

列出清單。你總是和誰比較，比較時又有什麼感覺呢？把這些整理成一張清單，仔細思考列出的每一項，覺察自己在比較時的內在有什麼變化。在事情發生前，先思考最好的應對方式。控制自己負面的信念，用正面的事實加以取代。關注自己獨一無二的優點，並不帶忌妒地讚賞別人的。

心懷感恩。比較心理被觸發時，暫停片刻，想想自己擁有的一切。假如你正開車經過高級住宅區，提醒自己，你並不知道每扇門後發生的事。表象只反映了其他人擁有的，而非他們人生的樣貌。感恩會讓我們對自己的當下感到滿足。

為了正面的改變而比較。與其在生活方式或財富層面比較，我們可以選擇讓自己與慷慨、善良或富有同情心的人相處。找到善於傾聽，或是生活步調並不匆促的人，給自己向他們學習的動機。把自己的心力投注在能帶給你啟發的人身上，可能的話，也花時間和他們相處。讓自己身邊圍繞著你仰慕的人。

這是克服己不如人恐懼的關鍵：在對的事物上有所追求。

第8章

我需要被你需要：怕自己不重要

獲取好名聲的方法，就是努力成為你想要的模樣。

蘇格拉底

人生就像爬山。我們從山這邊的城市出發，朝著山那邊的城市前進。兩座城市和山頂的距離都相同。

人生的前半段，我們朝著山頂攀登。我們需要付出大量的體力和專注力，而我們所做的一切，都帶領我們向上邁進。

我們在「中年」抵達頂峰。這是偉大的成就，而山頂的風景壯觀。我們可以回顧自己的出發點，驚訝自己已經走了這麼遠。從山頂上，我們可以看到遠方目的地的城市。

這座城市的距離和起點一樣遙遠，但每走一步，就會更近一些。於此同時，我們正在下坡，走起來輕鬆不少，速度也快了許多。

「中年」是什麼時候？很顯然，答案取決於你能活多久。中年就是這個意思——人生旅途的「中間」。大部分的人在步入四十歲晚期或五十歲初期時，就認為自己邁入「中年」。然而，看看實際的數字，就會發現有趣的事。

我在二〇一九年年中寫這本書時，美國的平均預期壽命是七十八歲八個月。其中必須考慮許多因子，例如生理狀況、基因遺傳和生活方式。這樣的平均數字，代表多數人在三十九歲時就已經達到巔峰。

我們不是向上，就是向下。

對大部分人來說，中年是開始反省的時刻。我們會回顧自己前半段旅程的成就，思考自己是否帶來了一些影響。

這可以說是直擊人心的恐怖經驗。假如我們覺得蹉跎虛度了前半生，就會興起無力的空虛感。「我有帶來任何改變嗎？有任何人會在乎我嗎？」許多人都開始出現類似擔憂。面對有限的生命，他們會決定改變自己的作為，希望能為世界留下些什麼。其他人則認為一切都已經太遲，乾脆直接放棄。

這就像是蓋瑞・拉森（Gary Larson）所創作的古早單格漫畫《遠方》：一隻小狗在高空的繩索上保持平衡，一邊騎單輪車，一邊搖呼拉圈，同時對下方的馬戲團觀眾表演雜耍戲法。漫畫下的文字寫道：「在靜默的人群上方，雷克斯試著保持全神貫注。然而，牠甩不掉一個惱人的念頭：牠是隻老狗，而這是個新把戲。」

變動中的自我認同

擔心自身重要性越來越低的不只是年長者。父母在孩子生命的前十年扮演了最重要的角色。當孩子成為青少年後，就會自然而然地獨立自主，與父母分開。假如我們將身分認同建立在孩子對我們的需求上，這樣的角色變化就會令我們不安。雖然孩子們還是很需要父母，但需要的方式已經完全不同了。

對討好者來說，這很困難。當孩子們開始表達自己的看法，做自己的決定時，有些父母或祖父母會覺得自己不再被需要，因而感到難受。我們希望得到孩子的愛，甚至可能希望他們的朋友認為我們是「很酷」的家長。因此，我們在管教上有所克制，也盡量不做任何會讓孩子不開心的事。最後，我們的決定可能是基於自身的需求，而忽視了怎樣才是對孩子最好的，只因為我們想贏回孩子曾經的仰慕之情。

孩子離家之後，父母會經歷所謂的「空巢期」，通常伴隨著自我認同的危機。突然之間，父母覺得自己不再被需要，不再對孩子有所貢獻。他們覺得自己不再重要。他們可能會問自己：「少了孩子以後，我到底是誰？」

對於「重要性」的需求是人類的基本需求，而我們會本能地滿足這種需求。若無法滿足，則會絞盡腦汁地設法追求。

讓獨特綻放，是你的使命

每個人天生就擁有一股強烈的內在渴望，想知道自己誕生在世界上的目的是什麼。這就是為什麼華里克牧師（Rick Warren）的《標竿人生》（*The Purpose-Driven Life*）是史上最暢銷的書之一。人們都渴望自己不只是活著而已，而華里克牧師的書名呼應了這樣的願望。假如找不到活著的意義，就可能過著像梭羅描述的「死寂的絕望人生」——活在空虛之中，沒有任何目的和意義。

我們看著身邊的人，心想：「我對他們來說重要嗎？我影響了他們的生命嗎？他們會因為我的出現，而成為更好的人嗎？」假如沒有答案，我們的使命感就會落空，驅使我們繼續追尋。這樣的使命感就像我們必須搔到的癢處，卻沒有人伸手去抓。

身為討好者，我們會回到自己唯一了解的模式：為了他人的看法而活。我們會竭盡所能讓對方喜歡、認同。這是我們熟悉的領域，能讓我們暫時鬆一口氣。然而，由於我們的行動並沒有帶來任何真正的價值，得到的回應自然也是空洞的，讓我們意識到自己沒有帶來任何影響或改變。我們只是在玩撲克牌的接龍，偶爾快速的獲勝帶來短暫的快樂，但無法持久。

在討好過程中尋找意義，就好比整天吃垃圾食物。一開始會感到滿足，但很快就令人厭倦。這是因為我們不再感受到「需求」（飢餓），於是失去了帶來真正影響的「胃口」。

我們可以為世界帶來的最大貢獻，絕對不是受人歡迎，而是成為百分之百真實的自己。這是我們唯一能帶來、獨一無二的貢獻，而世界上不會有第二個人能做出同樣的貢獻。

換句話說，你的獨特就是最棒的工具，不只能為世界帶來很大的改變，也能大大地影響你身邊的人。畢竟，假如每個人都是相同的，改變就不可能會發生。

假如你希望小小改變世界，就做點改變吧。

向外看，不要向內

身為討好者，我們會為其他人做各式各樣的事，但同時關注的焦點卻在自己身上。從外表看起來，或許慷慨又富有同情心——這確實是我們想塑造的形象。然而，我們的動機卻會帶來反效果。

假如真正的動機是為了對方好，那麼討好別人、滿足別人需求這件事本身就沒有問題。然而，假如我們是出於自私才慷慨待人（為了自我感覺良好而付出），最終就只會換來挫折和抑鬱。我們內心深處帶來改變的渴望不會就這麼消失，只會越來越強烈。

當我們覺得一無是處、自傷自憐時，自我價值就會墜入深淵。該如何跳脫惡性循環呢？答案或許有些違反直覺，但只要對他人伸出援手就足矣。問題不會立刻解決，但當我們專注於幫助他人，就沒辦法再把同樣的注意力放在自己身上。就像是一個人無法同時朝兩個方向奔跑，我們也沒辦法同時全神貫注自己和其他人。當我們思考如何滿足其他人的需求，就無法沉溺於自己的悲慘中了。

「等等，你前面不是一直在說，關注其他人是討好者的問題所在？我們難道不該以自己為優先？」

是的，但真正重要的是動機。不健康的討好者關注其他人，是為了贏得對方的認同。健康的討好者這麼做，卻是真心想滿足對方的需求。一旦健康的人出現了生存意義的危機，最快找到方向的方法就是幫助其他人。

蘇珊．努南博士（Susan Noonan）的研究，以及其他許多研究都顯示，當人們積極投入志工活動時，心情幾乎都會有正面影響。為什麼？因為他們為世界帶來了改變。

- 他們覺得被需要。
- 他們的自信心和使命感都有所提升。
- 他們做出具體的貢獻。
- 他們學習新的技能，得到新的機會。
- 他們得以分心，不再執著於負面的想法。
- 他們通常會稍微打扮，對自尊心有所助益。
- 他們的社交技巧有所成長。

假如一個人覺得自己無法帶給世界任何價值，那麼看見對其他人生命的具體影響，就能獲得繼續前進的動力。憂鬱的人通常缺乏能量，因此要開始做任何事都很困難——進而讓憂鬱的狀況更加惡化。志願工作給了人們撐下去、踏出家門的理由，而光是這樣，就能提振心情。

當你覺得自己很糟糕，根本沒有人在乎你時，或許代表你正在等待其他人主動接近並認可你。這樣的等待是徒勞的，因為根本不會有人想到你。主動去接觸其他人，才能給對方回應你的機會。即便對方沒有反應，你也會覺得自己沒有那麼糟了。

不再期許別人的關注

在生命的不同階段，人們都難免會懷疑自己是否微不足道。這樣的感受是正常的，也需要花一些時間去消化。

這對於討好者來說格外難受，甚至危及自我價值。一旦說服自己，我們一點都不重要，就很容易覺得渺小而微不足道。你在人生中累積的智慧，似乎也不在管用。

然而，你獨一無二的智慧永遠不會過時或毫無價值。或許包裝的方式可以再更新，但你能帶給他人的價值永遠珍貴。

我的職業生涯大部分都站在講台上，有時是大學的教室，有時則是企業的會議室。多數時候，我都能輕鬆而快速地與研討會參與者建立起連結。然而，經過了三十年的三千場研討會後，我發覺自己似乎擱淺了，得花越來越多時間才能達到相同的狀態。觀眾看起來越來越年輕，而我的頭髮越來越花白。我覺得他們看著我時，都在想：「這個老頭是誰？我們一整天都要聽他說話？他很重要嗎？」活動開始後，建立連結其實不需要花太多時間，但我覺得必須證明自己，讓他們相信我提供的內容很有價值。

某天，我向一位參與活動的同僚提到這個情況。她很訝異我會這麼覺得，說道：「不，我覺得事實剛好相反。他們知道你年紀較長，但不會因此看輕你。他們會認為你就像學識淵博的大學教授，所以很期待你要說什麼。他們不會預期你要融入他們，而是希望你做自己，讓他們能向你學習。」

這對我來說猶如醍醐灌頂。曾經，我老是覺得自己微不足道，但這只是我的心魔。事實並非如此，我卻這麼以為。改變了想法以後，我面對任何聽眾都恢復了全部的信心。

對於微不足道的恐懼，都是我們加諸在自己心裡的。即便覺得自己正在走下坡，實際上卻可能是漸漸上升。當我們覺得自己不再重要，或許可以當成努力一搏的動力，為周遭帶來真正的改變。

重拾重要性的旅程會是什麼模樣呢？想想以下的觀點吧：

幫助他人，不要擔心後果。為他人服務，不要去計算這對他們的影響。大部分的人即便得到我們很大的助益，也不會有心地給我們正面的回應。所以，付出就好。

懷抱好奇心。覺得自己微不足道後，很容易就停止學習和成長。我們會想，「為什麼要成長？反正根本不會有人聽我們說」。然而，我們越是成長，能帶給其他人的就越多。

選擇你關注的焦點。我們很容易對各式各樣的事物感到興奮，但是得謹慎挑選。把範圍縮小，再決定要把心力投注在哪個領域。其他人或許會因為你不肯加入他們的興趣，而感到不滿，但我們不須因此退縮。選擇自己的道路，堅持下去。即便像甘地這樣的聖人也不可能事必躬親；他只是相信自己的力量，專注在自己投入的領域而已。

培養自己的專業。

一旦選擇了投入的領域，就要持續學習。大量廣泛地閱讀，上一些課程，花一些時間與該領域的人互動。你的人生經驗再加上你的成長，將使你在自己的領域中永遠有一席之地。

重要性的禮物

每個人都希望自己舉足輕重。討好者只是選擇了不恰當的方式，來滿足這樣的需求，因而得到了相反的結果。

先做出選擇，才能帶來改變。對於微不足道的恐懼，可以透過忠於自我、展現自己的獨特性和同情心來克服。

踏上嶄新的道路吧！

第三部分

找回內在力量的十個起手式

Building Blocks for World-Class People Pleasing

我在幾年前搬家到現在的住處。房子的後方有個很大的木頭露台，一直連接到後院的圍籬，環繞了整個房子，非常符合我們的需求。

然而，壞消息是所有的木板都已經開始腐爛。木板經年累月暴露在風吹雨打，表面都變形了，甚至出現裂縫，而固定的釘子也大多鬆脫。我們重新油漆了幾次，也拴上新的螺絲，試著讓外觀賞心悅目一點。我們希望隱藏起老舊破敗的樣子，讓客人不要注意到露台真正的狀況。

住了幾年之後，露台的狀況每況愈下。因為釘子鬆脫，我們沒辦法光著腳走路，而且有好幾個地方太脆弱，好像隨時可能掉下去。露台越是腐敗，就越難維持表面的樣子，真實的狀況也越來越顯而易見。

我們存了一陣子錢，終於能換新的木板，於是開始把舊的一片一片撬開。我們以為，新的木板能解決所有的問題。我們沒想到的是，支撐整個露台的木頭結構也已經開始腐爛。雖然不像表面那麼糟，但我們知道必須得徹底翻新。舊的結構或許還能撐一陣子，但隨著時間，腐爛的情況只會惡化，破壞整個露台。

我們花了比預期更多的金錢和時間，才好好整修了露台。然而，我們知道不能只是把破敗的露台遮掩起來，假裝什麼問題都沒有。我們得認真把事情做對。因此，新的露台既堅固又好看。

討好人也是如此。一開始，我們試著清除自己的感覺，不讓別人看見，假裝一切都很好，希望能讓大家刮目相看。我們甚至會換新的木板，讓自己看起來煥然一新。

然而，表面下的腐敗沒有停止。我們清楚這個狀況卻隱藏了許多年。隨著時間過去，情況越來越糟，也越來越難掩飾。我們害怕往深處窺看，因為知道情況很糟，所以害怕自己即將看到的事物。

東補西缺的形象

我們在前五個章節裡，已經鑽到露台下看看狀況，誠實面對了自己最需要的五種事物，以及我們最大的恐懼。當我們檢視了恐懼，討論了可能的面對方法，看起來就沒那麼可怕了。這是我們目前搭起的基礎。

如今，是重建的時候了。清楚了解到需要做的事，我們就可以採買必要的補給品和工具，開始動工。這樣的浩大工程並非一夕之間就可以完成，但我們得先踏出第一步，然後再一步，再一步。

為了重建，我們需要掌握哪些關鍵呢？以下十項要素值得我們投入心力。我並沒有按照特定順序排列，所以你可以自己選擇要從哪一項開始。先全部讀過，決定哪一項對現在的你最有意義，再從那裡開始吧。

- 珍惜一次又一次的選擇
- 真切地與人連結
- 自信心的養成
- 坦誠地活著
- 打破你的語言界限
- 持續渴望，保持單純
- 懂得按暫停
- 專注，帶來當下的豐盛
- 感恩，帶出人生的積極面
- 改變觀點，重新看待每件事

這些要素本身都不困難，如果能從細微處開始，也很容易實行。一旦基石底定，就能幫助我們以最健康的方式討好別人，影響身邊的生命。這就是下一個部分的中心：用簡單的策略改變我們的人生。

第9章
珍惜一次又一次的選擇

不要忘記，唯有死魚才會隨波逐流。
英國記者　馬爾科姆．蒙格瑞奇（Malcolm Muggeridge）

她和咖啡廳的其他客人格格不入。

通常，這類地方都充滿了帶著電腦的學生、喝著拿鐵的生意人，以及幾個看著平板電腦的年長者。但她完全不同。她銀白色的頭髮整理成很舒服的髮型，全身散發著不做作的時尚感。她很時髦。她和一個年輕許多的女子相對而坐，離我只有幾英尺。她們之間放了一個打開的小盒子。

盒子上的商標很眼熟：蘋果。

那位年長女性開口時，聽起來很有自信，但不咄咄逼人。「我做得來，妳知道吧？所以我才會買。」

「當然的，奶奶。」年輕女性回答：「妳從不害怕嘗試新的事物。」

「或許我老了以後就會怕吧。」奶奶說。

「那麼，妳現在幾歲了呢？」

「我才九十歲。好啦，示範一下這東西有多好用吧。」

於是，看起來四十出頭的孫女讓奶奶拿著電子裝置，並引導她嘗試各種功能。

我當時正在寫文章，順便整理一些電子郵件。但我沒辦法忽視這段美好的故事：九十歲的女士剛買了蘋果的手錶，正在努力學習使用方式。

「這可以顯示我的心律嗎？」我聽見她問。

「當然囉，奶奶。看到了嗎？在這裡。」

「這很重要。」年長的女士說。「我每天早上都會檢查有沒有脈搏，有的話才需要起床。」彼此都笑了。

「它會記錄我走了幾步嗎？」

「會的，也會顯示妳的確切位置，我可以在我電腦的地圖上看到。」

「很棒。我每天都該走一萬步。假如迷路了，我就一直走到妳來找我為止。」兩人又笑了起來。

閒聊持續了三十分鐘。奶奶每種功能都嘗試了幾次，學會以後再開始學下一種。即便要重複好幾遍，孫女卻沒有表現出任何不耐煩，所展現的耐心是對奶奶最好的尊重。最終，到了離開的時候，時髦的奶奶戴上手錶。

「謝啦，親愛的。」對著孫女說，「下次可以教我怎麼把手錶連上手機嗎？」祖孫倆離開了。

我看著她們慢慢走遠，我發現，這位奶奶並不是那種體能極佳的馬拉松長輩跑者。她是體態衰老、卻決心不要讓思想也跟著衰老的女人。她的心態很年輕，因為她為自己負責。**這個女士採取主動。**

堅強的人才有力氣行善

討好者會用其他人的觀點和反應，來定義自己的價值。他們把自己看成雕像，並且將雕刻刀交到其他人手中（或是認定雕刻刀本來就在別人手中）。他們成了受害者，因為他們會揣測別人的想法，並以此形塑自己的人生。他們覺得自己弱小無助，卻從不讓別人知道自己的感受。他們想像別人的想法，並且成為這種想像的囚徒。要相信別人能接受真實的自己，實在是太冒險了，於是他們持續控制自己的形象。

如此一來，他們就減損了自己對世界獨一無二的貢獻。他們或許想主動嘗試新事物，卻又迫切觀察其他人的反應，只要感受到一絲一毫的批判，就會立刻放棄。或許新事物能讓他們振奮，但他們永遠嘗不到。他們讓其他人的意向來決定自己的選擇，而無視自己真正想要的。

復原之路的第一項要素是採取主動：對自己的人生負責。這意味著永遠不要把自己的處境歸咎於人，也永遠根據自己的獨特觀點來做決定。

《與成功有約》的作者柯維博士常說：「決定我是誰的並非我身處的環境，而是我所做的決定。」積極主動的意思，是認知到把處境歸咎於人終究毫無意義。其他人或許會在某些方面對你施壓，但你永遠能自由決定回應的方式。你能掌控自己的選擇，而你的選擇則控制了你的命運。

你或許會說：「但總有一些在我們掌控之外的事啊？我沒辦法控制經濟發展，或是其他人惡意的行為。這把我的生活弄得亂七八糟，我一點辦法都沒有。」我們固然無法控制其他人的行為，但卻可以控制自己的反應。假如我們陷入憤怒苦悶，又受制於他人造成的情緒，那等於是放棄了選擇的自由。任由情緒被他人控制——但我們可不希望這種人控制我們的人生。

採取主動並不會將其他人造成的傷害降到最小。這只代表我們選擇不受其奴役。我們從實際的觀點回顧過去，再決定如何繼續前進。換句話說，我們把通往快樂的鑰匙放在自己的口袋裡。

就像芮因霍．尼布爾（Reinhold Niebuhr）在經典的《寧靜禱告》（*The Serenity Prayer*）中所寫：

主啊，請賜予我寧靜，去接受無法改變的事物，
賜予我勇氣，去做出有能力的改變，
賜予我智慧，去判別兩者的不同。

積極主動的人學習度過無悔的人生，而這是從日積月累的討好習慣中，邁向復原的基礎。

生命裡只留下不後悔的選擇

我們通常會對自己做的事感到後悔，而非他人的行為。其他人的抉擇雖然可能讓我們的人生墜入黑暗，令我們受傷或憤怒——但我們不會悔恨。

當我們帶著悔恨看自己時，就不可能懷抱正面的感受，幾乎總是會過度嚴苛。我們會後悔自己做的事，進而對自己的樣貌感到悔恨和不滿，開始自我批判。我們所做的事可能帶來羞愧和自責，假如無法好好面對，就會失去自我價值。「我做了不好的事」的想法，就會演變成「我是個差勁的人」。

這種狀態很危險。假如執迷於種種的「要是能改變該有多好」，我們就會被過去困住——而摧毀了自己的未來。

大部分的悔恨都分成兩種類型：無知的行為和刻意的行動。

無知

上個星期，我花了些時間查詢皮膚癌的資料。這不是第一次了——事實上，我的皮膚科醫生之所以能買名車，我可說是貢獻良多。他說，有些人的皮膚就是比較脆弱，而我就是那麼幸運。

我在六〇年代的亞利桑納州長大，這個背景可說是火上加油。當時可沒有人會擦防曬乳。事實上，我們甚至會用嬰兒油來強化日曬的效果。我現在嘗到苦果了，但我當時一點概念也沒有。

這就是無知。

刻意

青少年時期，我得知了「複利」的概念。假如在十六歲到二十二歲之間，我每年都有辦法存兩千美元（而且投資穫利理想），那麼二十二歲到退休之間，我即便一毛錢都沒有存，也能累積一百萬美元。

我做了更多研究，也找到類似的投資模型。我知道該怎麼做，但選擇不那麼做。假如我做了，現在的財務狀況就會迥然不同吧。時常帶來悔恨的選擇包含了：

- 大學時和誰交往
- 工作的選擇
- 為了就業離鄉背井

- 因為恐懼而不把握機會
- 養貓
- 養成不良習慣
- 選擇刺青紀念，但後來價值觀或人際關係改變

「刻意的後悔」通常比「無知的後悔」更難受，因為我們明明知道怎麼做比較好，卻執意這麼做（或不那麼做）。

風險越高就越令人痛苦。買了一輛不理想的二手車，面對故障雖然很難過，卻遠遠比不上因為以前說的話或做的事，而造成人際關係的破滅。假如你破壞了某人的信任，並不是說一句「很抱歉」就能解決的。重新建立信任需要時間。

妻子和我現在知道，孩子們長大的過程中，我們有哪些部分做錯了。養兒育女並沒有操作手冊，所以我們得試著自己搞清楚。我們已經為自己的錯誤道歉，但孩子們會永遠感受到我們的選擇所帶來的影響。

假如你因為悔恨，而活在過去，那也已經不是真正的過去了。那是現在，因為人只能存在於現在——而你關上了通往未來的門。

活在當下就能幫助我們從討好中得到解放。這意味著主動選擇正確地記住過去，但把過去留在過去。無論以前的行為表現如何，我們的未來都不會受到過去所限制。我們永遠能做出新的選擇，轉向新的方向。

擁抱錯誤，培養強心臟

假如我們能永不後悔，人生會如何呢？我們的人際關係和對話交流，又會出現什麼改變？你對未來會有什麼感覺？懷抱怎樣的希望？過去是真實的，我們無法忽略。假如忽視過去，發生過的事將永遠存在我們心中，像癌細胞那樣成長擴散。我們必須要面對它，然後控制它。

你的過去不會定義你。你的現在才會決定你的未來。積極的人會主動從過去學習，但不沉溺於過去。他們會負起責任，以過去為基石向上建造，但不會被過去定義。每天都是新的一天。從今天起，你可以開始遠離悔恨。要記得，你沒辦法改變發生過的事。

過去成為歷史。當我們無法原諒自己，於是放棄嘗試，就會帶來悔恨。挑一項你感到後悔的事，挑戰自己：既然過去無法改變，我們可以採取怎樣的行動，重新取得主控權呢？

- 假如你以前金錢觀不好，或許可以讀一本理財相關的書籍。
- 假如你沒有運動的朋友，或許可以找兩個夥伴，一起運動健身。
- 假如你選擇了自己不喜歡的職業，可以選修線上課程，學習新技能，朝新方向發展。

假如在工作面試的路上，你的車沒油了，你會後悔沒有早一點加油——因此錯失工作機會的話則更讓人後悔。我們很容易為了發生的事而自責。好好面對這些感覺很重要，我們必須對自己坦承，有時也可以告訴別人。然而，就這麼待在路邊，心想「我真蠢。我毀了一切。我總是如此」也於事無補。可以轉向更準確的說法：「我做了很差的選擇。我沒事——不過是搞砸了。我會繼續努力。」然後打電話請拖吊車吧。

踏出正確的下一步。我們越是前進，過去就越無法掌控我們。後悔不是注定的，我們可以從今天開始學習放手。

有意識地為自己的每個行動負責。承認你的錯誤，擁抱你的成功，改變你的生活模式。當你發現自己為了其他人的看法而活時，鼓勵自己做出不同的選擇。問問自己：假如不用擔心別人的想法，我會做出什麼選擇？接著，無論別人說了什麼，都維持那個選擇。

在許多情境中，採取主動都代表著學習說「不」。凡事都答應似乎比較簡單，而且沒什麼。但積沙成塔，你的時間有限，每次答應了，就等於拒絕了其他選項。當你精疲力竭時，就不該做更多事，而應該減少付出。

討好者幾乎無法拒絕別人。然而，仔細想想，其實只要提早規畫好回應就好。直接拒絕或許不太禮貌，那就換個說法：「聽起來很棒，多好的機會啊！我希望自己有多一點時間。但假如我答應，就得放棄已經決定好，而且符合我目標的事了。還是謝謝你問我——真的很感謝你想到我！」

你的人生是你的，不屬於任何人。不要再遷怒卸責，承擔起人生的責任，這將成為你未來一切的基石。這會是你的起點，可以從今天就開始。

第10章 真切地與人連結

一人獨行走得快，與人同行走得遠。

非洲諺語

「歡迎光臨本飯店。」櫃檯的服務人員說道。這幾年來，這句話我聽了幾千遍。大部分的時候，服務人員都面帶笑容，希望我對旅館留下正面的第一印象。

「我們已經登記了您的付款資訊……早餐時間從六點開始……需要叫您起床嗎？」這些對話雖然制式，但讓人愉快。也像是空服員的飛行安全說明那樣，容易讓人分神。某些時候，同樣的話其實我已經聽過好幾次了。

這次卻有點不同。「我們的確有一個小問題，先生。」

「怎麼了？」這樣的脫稿演讓我感到驚訝。

「感應鑰匙的機器故障了，得花幾天才能修好。」

聽起來不太妙。「你的意思是？」

「您的房間進不去了。」服務人員回答。我四處張望，想看看有沒有隱藏的攝影機能證明我上了整人節目。「真的很抱歉。」他繼續說：「但如果需要進房間，您得到櫃檯來，我們會拿萬用鑰匙幫您開門。」他先請同事幫他顧一下櫃檯，才陪我走過長廊。我的房間在旅館得最遠端，所以我們有很多聊天的時間。

「應該不少旅客都很生氣吧？」我問他。

「生氣是不至於，但有點惱怒。他們知道這種事情在所難免，不過還是造成了許多不便。」

「這樣陪著客人走來走去，你不會覺得煩嗎？」

「不。」他說：「但這讓我滿驚訝的。」

「怎麼說？」

「我以為我每天都在跟很多人互動，但實際上，我只是和不同的人一再重複相同的對話而已。現在，我有時間更了解客人。他們就像是，嗯，真正的人。」

我不禁莞爾，想著所謂的「優良服務」有時會放錯重點：表現得很在乎，實際上漠不關心。

他繼續說：「其實只是短短的對話，卻像是真正建立了連結。我和客人可以稍微了解對方。這改變了我對工作的態度。我本該讓人感受到好客和溫暖，但那並不真誠。我只是露出笑容，說該說的話而已。在我不只是招呼，而真正開始對話後，客人才能感受到真誠的歡迎。」

客人成為真正的人。

放下對話腳本

上個星期，我一直在思考這段對話。身為康復中的討好者，到底有多少自以為真心的簡短閒談，其實只是假裝自己在乎而已？我知道有些關鍵字可以換來預期之中的回答，所以經常掛在嘴邊。我真正在乎的時常是如何讓對方佩服，而不是真正重視關注對方。

我們不可能和每個擦身而過的人，都進行有意義的深度對談。然而，如果把每個相遇的對象，都當成「真正」的人來看待呢？這不代表得花更多時間談天，只代表必須把每個服務生、結帳人員，或是隊伍後方的人，都當成一個人來看待。如此一來，我就不會強迫對方聊天、試圖控制對方的反應，或是逃避交流。我會將對方當成獨一無二的人，在各自的獨特旅程中達成獨特的成就。我也會記得，自己同樣有著獨特的旅程——我們雙方都很棒。

我將用不同的眼光看待對方。只要看見「真正」的人，那麼對話使用的字眼就沒那麼重要了。我的焦點會從「一切都和我有關」，暫時轉移到「以對方為中心」。

我真的需要其他人嗎？

「嘿，我知道你要說什麼。」討好者會說：「你要說社群很重要，能幫助我們成長，達成一個人很難辦到的成就。這些我知道，但我已經花太多時間和其他人相處，試著讓他們喜歡我，用我需要的方式回應我。這太累人了。我希望生命裡的人可以少一點，而不是更多。」

這段話也有點道理。討好者通常極力迎合其他人，也知道自己非常需要其他人的存在。然而，有問題的是他們的動機。他們需要別人的認同，才能感受到自我價值。他們確實會參與社群，某種程度來說，但這樣的參與是單向的。他們是為了自己的利益，而非相輔相成。

這種做法並不真誠，因為儘管乍看之下完全以他人為重，但卻停留於表象。健康的人了解自己對於社群的需求，是為了共同經營人生。當兩個人不再試著把對方比下去，而是共享生命的旅程，就能讓彼此的生命都有所提升。

討好者或許是自助類書籍的最大宗讀者。他們不喜歡自己人生的感覺，希望有所成長和改善。然而，由於他們太仰賴其他人的肯定，根本無法向他人求助，唯一的選擇只剩下嘗試自我成長。隨著時間過去，他們更加挫折，因為真正的成長不是孤軍奮戰可以達到的，我們都需要社群。沒有其他人的挑戰和回饋，我們很容易以為自己的想法都是正確的——這意味著不需要任何改變。

這三種關係，助你成長更快

當討好者真的向外求助時，追求的通常是心靈導師般的角色——能夠傳授成長和進步所需知識的專家。他們以為找到對的導師，就能學習人生所需要的能力，一切都會順利發展。

引導的確有其價值，能讓我們跟隨走在前方的人。我曾經在同一段關係中，既扮演引導者，也扮演受引導者，而這是無價的寶貴經驗。不過，我也曾經有過單向的關係，也就是引導者不斷給予，而受引導者只是單純地接受。這樣的引導由上而下，使得人際關係變質為單純的交易。

現實人生不該是這樣運作的。單向的人際關係並不真誠，也無法持久。引導並不僅限於年長者對年幼者，從智慧較高者到經驗不足者，或是成功者對起步者。只要兩個人進入真正的人際關係，並謙卑地彼此學習，引導就會發生。我們都擁有其他人沒有的經驗。當我們願意互相傾聽，就能成為不同的人。這並非什麼正式的關係，而是自然而然的。之所以會互相引導，是因為我們真正在乎。

我並不反對正式的指導關係。但採用這麼狹隘的定義，我們就會損失許多影響他人、或受他人影響的寶貴經驗。引導關係的目的是改進和成長，擁有正式的指導關係只是其中一種方式而已。但除此之外，我們的人生還需要以下三類人：

- 可以跟隨的人——（通常年長於我們）走在我們前方的人。
- 可以並肩前進的人——和我們處在相同生命階段的朋友。
- 可以領導的人——（通常比我們年輕）走在我們後方的人。

這改變了對於「引導」的定義，不再只是一方向另一方傾注，而是像同伴那樣一起旅行，並且因為共同努力而發生改變。

假如我們在旅程中，有意識地和不同人生階段的人建立連結，並且攜手同行呢？或許我們都會大幅地成長。

需要幾個朋友？——「再多一個」

當我們建立起真正的人際關係，就能經歷許多獨自一人時無法想像的事物。假如我們孤單地活著，很容易與其他人的正向表現比較，而執著於對自己的負面看法。我們不再有能力客觀看待現實，而是墜入惡性循環中。當人生陷入泥淖，我們得靠著僅有的資源面對，無法分享其他人的資源。

假如有人能真心和你相處，陪伴受傷的你，傾聽你的心聲，卻不試圖修正你；說出真話卻不批判你呢？這樣的人給予我們真正的生命，在我們痛苦時伸出手撫慰我們的心。當我們無法原諒自己時，卻擁有他們的諒解和仁慈。

你是否嘗試單憑己力治好心裡的傷口？這樣再沮喪不過了。事實上，曾經有心理學家說過，憂鬱是我們唯一無法獨力掙脫的情緒。根據定義，憂鬱代表我們墜入深淵，只能在他人的幫助下脫身。簡單來說，我們人類天生就是群居動物。

我們的人生需要多少人？或許比我們想像的更少。討好者希望每個人都喜歡他們，所以可以說隨時都為了大眾而表演。這使他們相信，能受到越多人喜歡越好。

然而，我們在談的是真正的人際關係，而不是閃閃發光的表演。比起數以百計的仰慕者，倒不如幾段真誠深刻的人際關係。我們可以從一個人開始，先找到真誠對待我們，也接受我們真實樣貌的人。這樣的人很安全，不會試圖改變我們。他們讓我們做自己，陪我們共同走過人生旅途。

我曾經問過許多人：「你需要幾個朋友才會感到開心？」他們總是回答：「至少再多一個。」

事實上，康乃爾大學幾年前曾經探討過相關的問題。鄧巴（Robin Dunbar）博士設計了巧妙的研究，發現我們需要的朋友數量，和大腦新皮質部分的大小有所關聯。新皮質處理的就是這方面的功能。

研究發現，大部分的人可以同時與大約一百五十人建立關係。這不代表「好朋友」，而只是我們認識、偶有互動、有某種連結的人而已。

當然，我們和這些人互動的程度都不同。少數人能達到「好朋友」的狀態，其他則可能是固定連絡的人、遠房親戚、工作上的同事，或是生意往來的對象。舉例來說，我們和醫生可能一年只說幾次話，和伴侶卻一天交談無數次。

鄧巴指出，大部分的人只要擁有三到五個非常好的朋友，其中一位是摯友，就能得到快樂。在那之後則是更大的交友圈，由三十到五十個好朋友組成——其他人則一啟構成了我們全部的人際網絡。這一百五十人以外的任何人，都幾乎無法進入我們的注意力範圍。

就像是我們的衣櫃掛滿了毛衣，但大多時候，會穿的就只有那五、六件。

即便是耶穌，身旁也只有七十個人被視為他的「子民」，在這七十人中，他更只與十二人共度人生，其中有三人是他的密友，再其中的一人是他的摯友。

或許我們都能從這個故事中學到一些事。

不討好，也不獨善其身

我小時候，家裡每年都會到加州中部的紅杉國家公園度假。我們會租一間「家庭式小木屋」，在木製爐具上烹煮食物，並將廚餘放在覆蓋著帆布的門廊上的金屬垃圾桶裡。

每天晚上，我們會看著窗外的黑熊翻找這些垃圾桶，離我們不過三英尺。（但園區現在不會讓人故意引來黑熊了。）

白天時，我們則會拜訪雜貨店、健行到新月草原，或是攀登莫洛岩。我們會在膝蓋放上花生，看著花栗鼠爬到腿上取食，再看著冠藍鴉爭奪掉到地上的花生（不是花栗鼠）。

我最喜歡的活動是國家公園管理員帶領的大自然探索。每天，我們都會走不同的路線，聽著這些專家解說著周遭的奧妙。某天的主題可能會是樹木，隔天則會是動物，然後是解說森林的土地如何讓種子成長萌芽。

年幼的我深深著迷。我還記得自己的感覺，聽著管理員說：「圍繞著我們的，是這個世界上最大也最古老的生物，紅杉巨木。」她說，當第一批歐洲探險家踏上新世界的海岸時，這些樹木已經駐立了超過一千年。

「雪曼將軍樹」是這些樹木的爺爺。從體積來看，它是世界上最大的樹木。或許其他樹更高，但雪曼將軍是最強壯的，重量大約兩百萬磅，壽命約是兩千兩百年（耶穌出生時，它已經兩百歲了）。我們的小隊會圍繞著雪曼將軍，指間相碰，卻沒有一次能完全環繞它。

「你們覺得，這棵樹為什麼不會倒呢？」管理員問。我很認真上自然課，記得老師說的話。「主根。」我說：「樹木都有一條巨大的根部，直接向下固定住泥土。」我很高興有機會證明自己多麼聰明。

「很棒的想法。」她說：「但這些紅杉沒有主根。」

我很困惑。我以為主根是唯一讓植物挺過暴風雨、地震和其他自然災害的原因。現在，這個公園管理員告訴我們，世界上最大的樹木沒有主根。那麼，它們為什麼不會倒呢？

「這些樹木有向外綿延的廣大表面根系——一棵樹通常就能覆蓋一英畝的地面。」她說：「但光是這樣還不夠。它們會成群地生長，和其他同伴靠得很近。它們的根部延伸出去，彼此盤根錯節。這是它們力量的來源。簡單來說，這些樹木在最糟糕的情況中彼此扶持。假如其中一棵樹落單了，就無法存活。」

我們很看重獨立性。至少，我知道自己如此。對我來說，開口求助或依賴他人都很困難。我就像個兩歲的孩子，告訴媽媽：「我可以自己來。」

然而，我們人類不是為了獨立而生。我們天生互相依靠。

直到暴風雨來襲時，我們才意識到對彼此的需求。風雨中，我們發現自己並沒有堅固的主根。假如每個人都孤單一人，就不可能挺身對抗壓力。當我們孤立時，沒辦法好好面對人生；我們需要相互連結。

我們天生就該在人生中，緊握彼此的手。

第11章 自信心的養成

我的工作有很高的機密性，讓我連自己在做什麼都不知道。

不具名的國防部員工

大部分的旅館房間裡都有一冊災難應變守則。在加州，我會讀到地震發生時該怎麼辦；在奧克拉荷馬州，我看過龍捲風的避難方式。在海岸的某些州，我會為颶風做好準備。在阿拉斯加的費爾班克斯，我則學到如何面對駝鹿。

我到阿拉斯加某間鄉村風的旅館舉辦員工訓練。當看到那份駝鹿應對守則時不禁覺得好笑。「巧妙啊，」我心想：「他們把這寫得像是其他旅館的安全守則。」我以為這只是個玩笑，畢竟駝鹿看起來很溫馴。不過話說回來，我唯一看過的駝鹿是電視卡通

《波波鹿》裡的駝鹿布溫可。

我帶著那張紙到櫃檯，問：「這是什麼啊？」

櫃檯人員用看外星人的眼神看著我。「這是告訴你，遇到駝鹿的時候該怎麼辦。就像標題寫的那樣。」她回答。

「所以說，附近有很多駝鹿囉？」我以為這個玩笑會讓她和我一起笑出來。

「每隔幾天就會出現。」她面無表情地回答。

「真的？」

「真的。牠們會在外面的停車場遊蕩。這就是為什麼我們入口的門楣這麼低。牠們有時候會想要跑進來。」

「和駝鹿面對面會發生什麼不好的事嗎？」我問。

「有可能。假如牠們覺得不喜歡你，可能會真的讓你受傷。」

「那麼，假如在停車場遇到駝鹿，該怎麼辦？」

過了片刻，她屈尊地瞥了我一眼，指著我手上那張紙說：「讀一下吧，我們放這張紙的目的就是這個。」我有點不好意思，但也感到好奇，低頭看著紙上非常簡單的指示：

假如遇到駝鹿，請站在樹木後方。

「這是認真的嗎？」我問。

「是的。不能逃跑，因為牠們會追你。但假如你站在樹後面，牠們的鹿角太大，很難繞過去攻擊你，所以很快就會膩了，自然會離開。」

墓誌銘寫著「被駝鹿殺死」顯然不太光彩，所以我決定遵從她的指示。我在天寒地凍中散步，走了很遠。風景優美，但很難真的放鬆下來。我一直在找離自己最近的樹，生怕不小心吸引了某種棕色大型動物的注意力。那天，我沒看到半隻駝鹿——實在有點失望，畢竟我做了萬全的準備。而回到南加州後，我也沒機會用上我的駝鹿新知識。

不過，我那天還學到了三個珍貴的教訓：

1. 我並非無所不知。
2. 自以為無所不知，可能會惹來麻煩。
3. 當我們有所不知時，應當請教知道的人。

這三點對討好者來說很陌生。討好者渴望受人仰慕，所以必須表現出無所不知、無所不能的模樣。假如承認自己有所不知，或許會被視為無能。因此，他們希望給人既聰明又謙虛的感覺。這都是重要的形象管理。

謙卑不是弱點，真正的謙卑來自真正的自信心。假如自信心是裝出來的，則只會給人狂妄自大的感覺。

鍛鍊勇氣肌肉！

人們如何看待你？在他們眼中，你究竟是自信自制，還是自大狂妄呢？

信心總是激勵人心。我們會受到自信的人所吸引，只要和他們在一起，就會覺得自己好像也有所提升。他們帶給我們希望，知道自己也能有所成長。我們會想：「希望我也能這麼有信心。」相對地，傲慢讓人惱怒厭煩。態度傲慢的人讓我們倒盡胃口。他們似乎努力展現自己學識淵博，而且永遠不會認錯。我們會想：「他們到底以為自己是誰啊？」

你或許會覺得，自信和傲慢並沒有差別，但實際上，兩者之間存在著清楚的分界。我們認為傲慢是「過多的」信心，而並不希望給人傲慢的感覺。即便我們很有信心，也害怕自己過度表現而顯得傲慢——於是保持安靜。

然而，「信心」和「傲慢」兩者並不相關。

自信心是對於真實的自己充滿安全感。這代表我們不需要假裝成不是自己的人，也意味著正確的自我認識，以及完全的自我接納。我們不再覺得需要對他人證明自己，並且樂意向他人學習。

傲慢自大通常來自缺乏自信心。當一個人感到不安時，不會希望其他人發現。因此，他們過度補償，偽裝出自信的假象。他們試圖說服別人相信這個假象。假如真的有自信，就不需要其他人的認同了。

自信的人通常不會自大，自大的人通常缺乏自信。

討好者會佯裝自信。然而，假如他們能學習真正的自信，就能成為最棒的討好者——也就是真正改變其他人人生的類型。

傲慢的人，實則最沒自信

人類行為會透露出隱微的線索，讓我們精準地區別一個人是自信或是自大。線索越多，判定起來就越容易。

尊重

自大的人比其他人更在乎自己，所以時常打斷他人來發表自己的想法。自信的人真心希望傾聽其他人的看法，不認為異議有威脅性。他們接受不同的看法，不會覺得非得糾正對方不可。

準時

自大的人習慣遲到，比普遍社會所接受的更晚出現，而且不會因此道歉。自信的人如果快遲到了，一定會先打電話告知並道歉，因為他們知道大家都很忙碌，所以不希望浪費他人的時間。

傾聽

自大的人認真聽別人說話，只是為了想出很棒的回應。自信的人卻是為了理解而傾聽，不會硬要插入自己的觀點，也不害怕說出「這是個有趣的想法，請再多告訴我一些」。

攀關係

自大的人為了讓人印象深刻，會選擇大談自己的人脈來自抬身價，這就是所謂的「攀關係」。自信的人或許也會認識一些名人，但不會逢人就吹噓。在適當的時機，他們也會分享這些關係，但只是告知，而不是炫耀。

肢體語言

自大通常會反映在姿勢上。當自大的人走進某個空間時，會很誇大地昂首闊步。自信的人則在與人相處時，展現出穩定而自在的姿態。他們不會試圖引起注意，但真正的信心會散發自然而然的吸引力。

責怪

自大的人從來不會承認錯誤，只會把任何負面事物怪罪在別人頭上。自信的人積極主動，會對自己的選擇和反應負起責任。他們會先說：「我錯了，對不起。」

地位

自大的人在擁有相同經驗的人中，永遠要「高人一等」。自信的人則享受別人的故事，希望能聽更多。

請在以上每一個層面，都誠實地自我檢視。你符合哪一邊呢？根據這些標準，熟識你的人會覺得你是自信，還是自大呢？

最稀有的心靈資產：謙卑

我有個好友遵循克勞德博士（Henry Cloud）在著作《約會的藝術》（*How to Get a Date Worth Keeping*）中提出的建議，和不同對象先進行了幾次輕鬆的約會，了解自己喜歡和不喜歡的類型（而不是直接尋找真命天子）。她挑戰至少和二十五位不同的男士約會，並在任務完成前不重複約會。

她告訴我，大部分男性在整段約會過程中，都試著展現自己多麼成功有價值，並認為她應當敬佩。其中一位甚至搭直升機來接她共進晚餐，結果發現她還不打算約下一次時，立刻怒火中燒，覺得她不夠尊敬他。

這位男士沒有自信，只是自大而已。二十五位男士中，大部分都是如此，除了第八位。第八位很有信心，不覺得需要證明自己。

我的好友在六年前和這位男士結婚，過著幸福美好的生活。

養成自信的七個關鍵

美國作家威廉森（Marianne Williamson）說過：「自我貶抑對世界沒有好處。為了不讓身邊的人感到不安，把自己縮得更小，這樣的舉動是不智的。」

提升自信心的祕密是什麼？不要試圖表現得更有自信，要真的變得更有自信。不要再拿自己和其他人比較了。

當你發現群體中有人比你更有信心，就容易產生自卑感。一旦自卑感作祟，就會想裝出非常有自信的模樣。你以為自己的演技欺騙了所有的人，因為同樣的事你做過太多次了。然而，人們會知道不對勁。他們或許不會特別意識到，但卻能隱約察覺你在偽裝。

假如你擁有真正的自信心，會有下列七種跡象：

1. 為了自己的信念挺身而出——不是因為你一定要是對的，而是因為你不害怕犯錯。
2. 你是很棒的傾聽者。比起強迫別人接受你的看法，你更想聽聽別人的說法。
3. 你有意識地鼓勵其他人。你會仔細觀察，在正確的時間說出對的話。和你相處會讓其他人越來越好。
4. 你願意開口求助。不安的人不會希望示弱，但自信的人能誠實面對自己的缺點。
5. 你不會等著其他人幫你達成目標。你會自己默默努力追求，不在乎是否受到矚目。
6. 你不談論別人的八卦。不安的人會透過貶低他人，而得到優越感。但在你心中，其他人都是人生旅途的同伴。
7. 你會不斷前進。困難和考驗都不是障礙，而是尋找嶄新道路的機會。

不要逃避負面情緒，要擁抱它

你或許會問：「真的有可能丟下『虛假的自信心』，而建立起真實的自信心嗎？」答案當然是肯定的。無論我們過去的習慣如何，未來都能選擇新的方向。假如你已經偽裝了一輩子（尤其是因為創傷而不得不），那麼或許會需要專業的協助——但改變是可能的。永遠都有希望。

我們可以怎麼改變自己的態度呢？從改變思考方式開始。我們的態度是流動的，而非定型的。我們能做出選擇，也能加以改變。被譽為「人生哲學之父」的作家詹姆斯．艾倫（James Allen）寫道：「每個行動和感受之前，都會先有想法出現。」先有了想法，感受隨之而來。假如想改變自己的感受，就先從想法開始。

你是否曾經試圖抑制某種感受？感到憤怒、難過或喜悅，很難只說一句「好吧，我不再這麼感覺了」就讓感受消失。情緒的能量依然存在，沒辦法靠意念抹滅。這時不要試圖改變自己的感受，而是改變想法吧，你的感受自然會隨之變化。索羅門王說過：「你的世界，是你的思想造就出來的。」我們的思想塑造了我們。

想要改變自己嗎？想要用態度吸引其他人嗎？那麼，關注自己的想法吧。當負面的感受出現時，暫停一下，問問自己以下兩個問題：

1. 這個情境中，客觀的事實有哪些？
2. 我可以做什麼來改變情況嗎？

假如你的確能做些什麼，就採取行動吧。假如你無力回天，那麼就專心改變你的心態。

- 你對於公開場合所犯的錯感到難堪，認為每個人都在批評你。這時請提醒自己，和任何人相比，只有你會這麼仔細審視自己的行動；在其他人的關注點上，你的錯誤或許只是一閃而逝。
- 你的孩子晚了好幾個小時回家，你認為他們或許出了意外。這時請給自己一點挑戰，列出其他沒那麼嚴重的可能性——要特別參考你們過去的經驗。
- 當情況超出掌控，因而焦慮不安。這時請覺察自己能掌控的部分，並專注於此。至於無法控制的事物，練習接受現狀，調整自己。

我們不可能在一夕之間建立真實的內在信心。這需要許多練習和學習，有時也需要其他人的幫助。一旦有了真實的信心，就不再需要擔心變得自大。你將能建立起健康的基礎，自信地改變你的人際關係。當你有了真實的內在信心，人們將能從你的外在有所感受。

這是內在安全感和對他人深刻關心的結合。

這是我們旅程的起點——而我們將一步一步地成長。

第12章

坦誠地活著

假如你夠真誠，其他一切都不重要；假如你不真誠，其他一切都沒有意義。

無名氏

在電影院裡，我們幾乎不會再聽見哪句話？

「哇！這是怎麼辦到的？」

幾年之前，電影特效令我們目瞪口呆。我們看見了自動駕駛的車、爆炸的摩天樓，或是墜機，然後心想：「這不可能真的發生，但看起來好逼真啊！」

現在不會有人再驚歎了。電腦特效技術出現後，我們就不再好奇劇組怎麼辦到的。

科技令人感歎，但不再令人驚豔。

幾年前，我在大型電影工作室的研討會進行演說。午餐時間，我向一個同桌的年輕人詢問他的工作內容。

「我是負責網絡的。」他回答。

我問：「所以，你擔任網路工程師？」

「不。」他說：「我負責網子。我們在拍攝蜘蛛人的最新一集，我負責的是蜘蛛人手掌發出的網子——要讓噴出來的蜘蛛絲盡量真實自然。」

「你們怎麼做？」我問。

「我們會到片場最高建築物的屋頂上，一次又一次把一大團毛線球往下丟。我們會把影像用數位記錄起來，了解風力、重力等因素的自然影響。接著再用電腦把毛線換成蜘蛛網，看起來就很逼真了。」這簡直太酷了。

攝影的領域也是如此。以前，如果名人在不良場所的照片外流，就足以證明醜聞真的發生。如今，我們的第一個念頭卻是：「這是真的嗎？或是有人讓它看起來很逼真？」修圖軟體能創造出讓我們看不出破綻的擬真效果。正當使用時，軟體能清除不必要的雜訊，讓人聚焦在照片的重點。然而，如果有心操縱，就能用幾可亂真的照片欺騙觀看者。

身為討好者，我們都是自我修飾的專家。我們知道其他人想看到什麼，於是自我「修飾」來滿足他們的期待。我們會改變自己的言語和行為，投射出希望其他人相信的形象。我們以為自己令人欽佩。然而，沒有人對我們的人生感到佩服，也不會有人和我們聊天後，想著：「哇！他是怎麼辦到的？」

人們都已經習慣，每個人都活在修飾編輯過的人生中。他們很少看見活得真誠，建立真誠人際關係的人。即便這樣的人真的存在，人們也會以為他們是假裝的。因為經驗法則如此告訴他們。

我原有的純樸靈魂，如今存在多少？

人生初始時，我們其實無意欺瞞。我們不會說：「我想要過虛偽的人生，這樣就沒有人會知道我真正的模樣了。」我們都想要快樂知足的人生，也會盡一切所能來達成目標。我們希望別人認識我們、喜愛我們真實的樣子。

然而，連幼童都會發現，只要稍微改編一下事實就能達成目的。這看起來簡單又無害，尤其當謊言沒有被揭穿。或許技術一開始不太純熟，我們會在衣服沾滿餅乾碎屑的狀況下說「不是我吃的」。但我們學到的不是「不要拿餅乾」，而是「把碎屑拍乾淨」。說實話還不如湮滅證據，省得承擔嚴重的後果。

想從他人的意見中找尋自我價值，就很容易維持不斷撒些小謊的習慣，直到最後建構起了不誠實的羅網。這個過程很緩慢，我們根本不會意識到這占據了生命多大的部分。我們還會用結果來正當化撒謊這個手段。

幾年前，我曾參與某個小組。某天傍晚，我們得到了一個乍看之下很簡單的挑戰：「你能一整天都不撒謊嗎？」

「輕而易舉，」我心想。「只要撐過一天，我就能向小組誇耀我的成果，而組員們都會對我有好印象」。

隔天早上，客戶打電話和我討論某個問題。我希望由公司來處理這個問題，於是提出報告：「有數名客戶都提到這個問題。」

其實不是數名，只有一個而已。但假如我說「數名」，公司回應的機率會比較高。這不算撒謊，只是稍微誇大了。然而，為了操縱結果，我用錯誤的方式來呈現事實。這我自己很清楚。

這讓我警醒。

但情況越來越糟。當天，我一共六次抓到自己試圖誇大事實。誇大成了我的本能反應，我甚至根本沒有察覺。必須要刻意用心，才能陳述精確的事實。

聽起來很熟悉？

- 你是否曾經告訴某人，很感謝他的建議，但事實卻剛好相反？
- 你是否曾經告訴某人，因為既有的計畫而無法碰面，但實情卻只是不想見到他們而已？
- 你是否曾經忘了伴侶的生日，但告訴他們，你準備了驚喜的晚餐？（其實是你臨時找的）
- 你是否曾經告訴某人大部分的真相，卻省略一、兩個會讓你沒面子的關鍵不說？
- 你是否曾經對自己撒謊？（「我沒有上癮，我隨時可以停。」）

在前面的某一章，我提到自己在研討會說的故事會越來越精彩，而為了自己的真誠，我必須提醒自己收斂。當我注意到這個問題後，漸漸地越來越能覺察這樣的行為。這讓我誇大事實的習慣浮上檯面，而不再只潛藏於背景中。

我很驚訝自己竟如此頻繁地誇大事實，想建立起更好的形象。當我未能實踐自己的諾言時，會想找藉口來掩飾自己的懶散或拖延症。而現在不同，我能在老毛病發作前察覺，因為我承諾要真誠。儘管無法總是做出正確選擇，但至少我不會再次淹沒在潛意識中。

納撒尼爾・霍桑（Nathaniel Hawthorne）在個人代表作《紅字》（*The Scarlet Letter*）中寫道：「沒有人可以長時間用不同的臉孔面對自己和他人。久了他終究會無法判別哪一張臉孔是真實的。」

真誠是一面精確的鏡子，能讓我們誠實清楚地看見自己。在《愛你在心眼難開》（*Something's Gotta Give*）這部電影裡，黛安・基頓飾演的主角發現她的丈夫和別的女人吃飯後，怒火中燒地奪門而出。丈夫追了上去，想要解釋，但兩人爆發爭執。過程中他脫口而出：「我從未欺騙過妳。我只是告訴妳某個版本的事實。」

基頓回答：「事實沒有版本之分，好嗎？」

真誠是每一段健康人際關係的基礎。假如少了真誠，那麼無論看進多少書、聽取多少建議、研討會，都沒意義。就算買了花束或巧克力，說了所有好聽的話，也都無濟於事。假如我們在真誠上有所妥協，這段關係就不可能長久，而會向是白蟻侵蝕的木材那樣腐敗——外表看起來還好，內部卻越來越腐朽。

對康復中的討好者來說，重要的是追求真誠的人生。當不真誠已經成為長久來生活方式時，這聽起來像是不可能的任務。我們不可能只是想著，「好，我從此以後要當個誠實的人」。相反地，我們必須注意自己所做的每個微小決定，覺察自己是否正在妥協，然後堅持正確選擇。

一個接一個做有意義的選擇

幾年前，我擔任一間公營事業的顧問。我們談論微小決定如何帶來巨大改變。與會者並沒有花太多時間，就理解了這個概念，因為他們才剛經歷過一件真實案例。

公司有一位軟體工程師負責的業務太過幕後，以致於根本沒有人想到檢查他的工作情況。他開發的軟體之一，用途是收取民眾繳納的費用，並加入公司帳戶。他知道帳單結算時，實際的費用通常會有小數點；因此，假如算出用戶需要繳納三十八元又四十五點五美分時，電腦會自動進位成四十六美分。每個月，公司都會從成千上萬用戶的帳單中多收那零點幾分錢。那位工程師改寫了程式，讓這些錢不進入公司帳戶，而流到他的祕密戶頭中。

公司精確得到應得的費用，顧客也從未要求那不到一分錢的退費。這個程式基本上是自主運作，並沒有安全措施能預防。他的計畫萬無一失，也沒有被抓包的可能性——畢竟他就是程式的負責人。

他只犯了一個疏失，就是向朋友吹噓這件事，而朋友舉發了他。我不知道他這個陰謀起於何時。但被逮捕時，他的祕密戶頭累積了數萬美元。

我想，我們可以從這個案例中學到很多事（除了不該偷竊公司或客戶）。

- 微小的選擇只要重複夠多次，就會帶來巨大的改變。
- 不好的微小選擇，會導致巨大的惡習。
- 好的微小選擇，會形成巨大的好習慣。
- 想要成大事嗎？從細微處開始努力，不要停下腳步。
- 想要避免生命中的巨大痛苦嗎？每個微小的選擇都會帶來改變，所以務必慎重。

反覆的行為造就了當下的我們，每個選擇都有意義，每天都很重要。

處之泰然，不如坦然

討好者如果想建立堅固的人生基礎，就必須覺察到自己的真誠被迫做出妥協的時刻，不能視而不見、不知不覺。他們得努力突破長久以來日常生活中的欺瞞，因此，正視問題就變得至關緊要。

我和妻子剛成婚時，住在加州麗浪多海灘市的一棟小房子裡。我們規畫設計了小小的院子，注意到某天冒出了一株植物幼苗。我不知道品種，但它看起來很美，有綠色鋸齒狀的葉子，像極了手指張開的手掌。這棵植物長得很好，我就像照顧花園裡其他植物那樣照顧它。很快地，它成為院子裡最好看的一叢。

不久之後，我們邀朋友共進晚餐。他們是教會的人，是時常和我們共處的好朋友，其中一個是警察。

我們很努力打理房子，也以自己設計的景觀為傲，因此邀他們四處參觀，帶他們欣賞了院子的花卉和灌木。我們述說著如何替草坪翻地，加上灑水器，讓她們腳下的茂盛綠草欣欣向榮。

接著，我們走向側邊的院子，繼續參觀。

「那麼，你們這種的是啥呢？」那位警察朋友一邊靠近我們的意外植物，一邊問道。

「我不知道——但真的很美，不是嗎？」

「是啊，真好看。是你種的嗎？」他問。

「不。有一天就這麼冒出來了。看起來很酷，所以我一直照顧下去。」

「你知道嗎？」他說：「或許你不要這麼仔細照顧比較好。」

「為什麼？」

「它是大麻。」

他做了一些調查，發現幾個月前我們的鄰居才因此被逮捕。他的院子裡滿是大麻，而當時還是違法的。儘管當局清空了他的院子，但有些種子還是殘留在泥土裡。

我們以為自己是好園丁。我們種的所有植物都生氣蓬勃，即便是意外長出來的也是如此。大麻就這麼出現了。我們並沒有產生質疑，而認定一切都沒什麼。

有很多事物似乎都是「就這麼出現」在我們的生命中，包含了我們並未特別培養的想法、習慣和態度。我們身邊的人也可能養成了隱微的自大、驕傲或「無害」的嘲諷習慣，而這些習慣趁著我們不注意時，也蔓延到我們的人生。我們很容易以為它們是無害的，於是讓它們留下——甚至還會澆水施肥。然而，隨著時間過去，它們會向下紮根，長成開枝散葉的植物。

它們或許看起來很漂亮，但實際上卻很危險——而且會傷害我們的生命。我們不能再繼續澆水下去，而得將它們根除。

如果希望有所成長，唯一的方法就是專注在幫助我們發揮的事物，並有意識地排除扯我們後腿的事物。

活出精彩人生

如果我們的生命很精彩，差別何在？如果我們不再想著表現真誠，而是發自內心？反而人們會對我們印象深刻。

喜劇演員威爾．羅傑斯（Will Rogers）曾說過：「好好過日子，讓你就算把家裡的鸚鵡賣給鎮上最八卦的人，也不令你蒙羞。」

真誠的意思是，你表現出的外在完全符合你的內在。意味著你並不會修飾編輯自己的人生。

對於康復中的討好者來說，這真是再美好不過了！

第13章 打破你的語言界限

> 多語能力固然是種資產，但能在使用任何語言時保持沉默才是無價之寶。
>
> 無名氏

你是否曾經在一對一的談話中，覺得自己被忽視了？你正在說話，但其他人並沒有認真聽。他們問你問題，你開始回答。他們看著你的眼睛，但你察覺到他們的心思早已飄向遠方。或許是因為他們的臉部表情毫無變化。或許是因為他們很快地向旁邊瞥了一眼，被其他事物吸引了注意力。又或許是因為他們說的下一句話，和你的回答一點關聯也沒有。

這樣的情境發生在你青春期的子女第一次翻了白眼；發生在會議發言時，沒有人注意到你的貢獻。你當下覺得自己就像在對牛彈琴。有時候，這只是單一事件；但其他時候，這卻是慣有的模式。

同樣的狀況一再發生時，你會心想：「問題出在哪？」你知道自己無法強迫別人注意你。你希望擁有優良得溝通技巧，但如果其他人不配合，你能做的其實也不多。

這對討好者來說似乎無解，也永遠不會改變。然而，一旦了解溝通障礙的理由和影響因素，就能採取幾個簡單的步驟，讓自己的聲音重新被聽見。不需要改變自己的個性，或變成極度外向的人，也能重新贏回其他人的注意力。

關鍵是聚焦於你能控制的事物，建立起健康的溝通模式。以下將從三個面向來探討可能的模式。

從根本解決溝通問題

當我們覺得其他人都不聽我們說話時，很自然會自尊心受傷。假如我們說的內容有價值，對方應該會認真聽，不是嗎？既然他們不聽，問題一定出在我們身上。

事實上，有三種可能：

1. 可能是對方的問題。
2. 可能是我們的問題。
3. 可能是溝通出了問題。

而大多數時候，或許三種因素都有。以下是不同情況的應對方式：

問題在對方身上

其他人不聽我們說話時，可能和我們本身無關。

- 他們可能是累了。
- 他們可能分心了。
- 他們可能正遭遇一些人生困境。
- 他們可能不太擅長表達自己的感受。
- 他們可能只是對你的主題不感興趣。

隨意認定其他人的想法很危險。我們會自行詮釋對方的行為，並根據自己的觀點做出反應——但更重要的是，應當考慮對方的觀點。

假如對方習慣如此，那他們可能是對我們「有害」的人。無論我們說什麼，他們都活在自己的世界裡。他們具備自戀的人格特質，也就是話題和他們無關，就不感興趣。假如他們認真聽，那並非為了瞭解你的觀點，而是要規畫如何回應。他們必須證明自己是對的（而你是錯的）。

如果把自我價值建立在別人的行為上，問題就大了。我們或許有能力影響別人，但試圖改變自戀的人多半徒勞無功。

問題出在你身上

你身處於社交場合，某人提醒你，你的牙縫裡卡了菜渣。這很尷尬，但至少你知道了。只要知道，就可以想辦法解決——而你很感激對方的提醒。

溝通就像這樣。我們都可能有溝通的「盲點」，每個人都看得出來，卻沒有人告訴我們。而不知道就沒辦法修正。

內向的討好者通常覺得自己沒辦法改變任何事，因為他們「天生如此」。雖然他們的確無法改變自己的人格本質，卻可以改變溝通的技巧，好好利用自己安靜的天性。

外向的人也可能是討好者。他們比較放得開，在溝通方面也比較自在，卻常因為不夠體貼的發言而冒犯他人。這樣的人也可能歸結於天生，不過對話時仍然有更細心的空間。

好消息是，我們都可以改變自己。但為了改變，我們必須先找出問題。

問題出在溝通上

當人們不聽你說話時，並不代表你毫無價值。或許只意味著，你沒有意識到自己使用了無效的溝通技巧。

1. **你並沒有建立連結**。你闡述了自己的論點，卻沒有找到雙方的共識。你讓對話聚焦在自己身上，與對方毫無關聯。
2. **你過度解釋**。即便對方感興趣，但你如果提供了過多的細節，對方的注意力終究會慢慢耗損。對話最有效的進行方式，是精準的大綱，而不是全部的細節。
3. **你打斷對方**。當對方說話時，你想起自己的相關經驗，於是開口分享。假如對方的故事還沒講完，你卻要把重心轉移到自己身上，就會顯得粗魯無禮。這也透露出，你覺得自己發表的內容比對方的更有價值。

4. **你很容易岔題**。一開始的內容或許沒問題，但你不斷改變主題和對話的走向，直到完全偏離重點，對方也難以跟上。

5. **你並未抱持學習的態度**。假如你覺得自己永遠是對的，就會讓對方覺得你批判他們。健康的對話是雙向的，而不該是獨白。

6. **你很負面**。無論說什麼，你總是用最悲觀的角度回應，他人會漸漸失去對話的熱忱。

7. **你尖酸刻薄**。幽默是很強大的工具，但諷刺需要拿捏分寸的技術。一旦過當會造成人身攻擊，讓對方不願建立起有意義的連結。

8. **你太大聲／小聲／語速太快**。人們接收資訊的能力不同，假如得花太大的心力才能聽懂你說的，他們就會放棄聽你說。

上述這些問題並不會損及個人價值，只是像齒縫裡的菜渣那樣，意識到問題就能開始修復。

限制對話主題，他更想聽

我們必須重新聚焦，看見溝通模式的問題，而無須再質疑自我價值。只要透過幾個簡單的技巧，就能立刻在人際相處中感受到更好的連結。

試試以下簡單的步驟：

- **開口簡練**。明白地提出一個重點並簡要地說明，接著詢問對方的想法。
- **注意時間**。當你打電話給某人，或進入某人的辦公室時，要記得先詢問：「現在方便嗎？」不方便的話就提供一個範圍，問他們何時比較有空。「何時方便呢？我只需要十分鐘。」在說好的時間準時停止。信守承諾，對方下次就會更樂意和你碰面。
- **對話以對方為重心**。你的故事和想法確實有價值，但也要讓其他人從每次對話中得到價值。關注是互相的。
- **不帶批判地傾聽對方**。一般來說，同意對方看法時，我們會聽得比較認真。如果你不同意某個觀點，那就試著探索對方的立場，而不試圖改變對方。你的目標是理解，而非反駁，藉此建立起相互的尊重。

- **不要太常說「然後」**。一次分享一個想法就好，一個句子不要超過一個主題。如果有太多訊息要處理和回應，對方很快就會受不了。
- **多問問題，而不是給建議**。這會給對方空間探索自己的感受，進而提升對你的信任。當他們準備好接受你的建議，就會開口求助。假如對方沒有開口，代表時機尚未成熟。
- **保持專注**。任何讓你分心的事物，都會成為溝通的障礙。其中一個例子，就是把手機放在視線之外。假如放在旁邊的桌上，每次震動或顯示新訊息時，都難以忽視。當然，你可能只是瞥一眼，但對方會注意到你並沒有全神貫注。
- **用心一些**。當你沉默時，可能顯得認真傾聽也可能沒有；或者還在琢磨如何回應。無論如何避免對方誤解。根據對方所說，提出相關、澄清的問題，才能確實傳達你的關心。別擔心，假如你沒有認真聽，就不可能提出這類問題。真誠而用心的對話是雙向交流的，而不只是輪流開口和沉默而已。
- **有耐心**。在對話中千萬不要看時間。無心的一瞥都可能暗示對方：好吧，我人在這裡，但有一部分的心思已經轉向下一件事了。假如真的趕時間，就該在對話前說明稍後有安排，接著在對方面前設定好手機鬧鐘，幫助彼此在這段時間不分心。

- **懷抱好奇心**。練習抱持開放的心胸面對每個話題。你的期望越高，就越難認真傾聽。對話有目標當然沒關係，但試試傾聽對方的回覆，傾聽文字背後的情緒。
- **態度正向**。在別人分享觀點時，注意不要貶抑不同於己的立場。除非對方詢問，否則不要批評他們說的內容。假如他們想知道你的想法，當然沒問題——但也要強調，你只是分享自己的觀點而已。

你不需要贊成對方說的每一個字。你只是希望了解對方的想法而已。

讀心術

和一般人相比，討好者特別容易遭遇一項溝通障礙：認為自己知道對方在想什麼，而且據此論定對方想法。

剛結婚不久的某天，我妻子黛安不尋常地安靜。她不帶笑容、神情不太對。我們前一天討論到家裡的經濟狀況，結束時仍未達到共識。我想她無疑因此一言不發，顯然在生我的氣。

此時我回想前一天討論，歸納出一個關鍵的引爆點，認為那肯定是她生氣的原因。至此我想為自己辯護，覺得她的不滿對我很不公平。此時我開始分析自己為什麼是對的，她又錯在哪。

接著，我也陷入沉默——因為我開始生她的氣，演起內心戲，「說到底，她怎麼可以不聽我解釋，就直接否定我？」我抽離自己（這是我的習慣模式），等她先開口。只要她一開口，就正中我的下懷，我已準備好接下來的說詞。

但她沒有提起這個主題。這讓情況更糟了，因為我認為她一定沒那麼在乎我們的關係，所以才會連對話都放棄。

最後，我知道自己得說點什麼：「妳今天有點安靜。」我的語氣有些諷刺。

她說：「我昨晚不知道吃了什麼，但似乎有點問題，我身體很不舒服。」

和我預期的完全不同。然後情況又急轉直下。

「你也很安靜，但我知道你只是給我一點空間。真的很謝謝你沒有逼我。」

我揣測了她的想法。由於我不知道事實真相，所以只能自己編造——而捏造的情節成了我的現實。我以為自己可以讀她的心，但我錯了。

心理學家對此有個專有名詞：錯誤歸因。意思是即便沒有聽對方說，也認定自己知道某些關於他們的事；因此，你覺得不需要特別說明，對方也應該知道關於你的某些事。

在任何關係中，試圖讀心都很危險，會讓雙方的溝通建立在假設而非事實上。只有一個方法能萬無一失地了解對方的想法：問他們。

這需要一些練習，開誠布公才能導往健康的溝通。

學會問：「跟我說，你在想什麼。」靜心傾聽對方的答覆，先別作回應。你或許會聽到他們的想法，也可能有感受和心情的分享。這兩者都很棒。你的目標是理解，而非說服。營造出安全的環境，這麼做你會明顯意識到自己的成長。

進入他人的雷達範圍

希望別人先聽你說嗎？那就轉而專注於溝通方式。我們能否有效地討好人，取決於良好溝通的能力。幸運的是，溝通並非絕對的能力，而可以透過學習來提升。練習得越多，就能擁有越棒的人際連結。

實行這一章的方法後，討好者的有效溝通將會明顯提升。你已經充分練習把焦點放在其他人身上了——只是動機不對。你已經習慣拍其他人馬屁，討人的歡心。現在意義改變了，你對自己更有信心，所以能真心地幫助他人——為了對方的利益。

你將從單純的溝通，提升為真心的人際連結！

第14章

持續渴望，保持單純

結論代表的是對思考感到厭倦。

無名氏

對你來說，重要的人際關係一度索然無味嗎？

- 婚姻曾經讓你感到興奮，如今卻變成例行公事。
- 手足相處曾經讓你充滿活力，最近卻了無新意。
- 一小群朋友常相約喝咖啡，但對話卻變得無趣，你感受不到彼此的支持。
- 你覺得自己和父母或青春期子女之間，再也沒有交集。

• 你不知如何解讀主管或同事的反應，懷疑他們對你有負面評價。覺得似曾相識？你並不孤單。每個人都會遇到這樣的狀況。即便最美好的感情，也有變質或褪色的可能。

面對問題時，我們很輕易就接受了「蜜月期結束」的現實。我們認為，人際關係就是會隨著時間而變得貧乏，我們都愛莫能助。乏味的日常瑣事成了常態，偶爾才會出現能量的爆發。

然而，這不是真的，也非無可避免。人生的充實美好取決於我們的人際關係。假如人際關係走味了，那麼再大的成就似乎都沒有意義。

討好者會建立起一套追求肯定的系統。他們用相同的模式接近別人，讓別人給出特定的回應（他們所認為的），並且反覆運用。他們通常不會嘗試改變，因為他們已經精疲力竭。討好人可是很累的，何必再增加負擔？

討好者似乎不太有創意，總是維持既定的做事方式。也可以說他們是最有創意的一群。他們會持續研究其他人的反應，精進自己的系統，以滿足自己的需求。這個創意是他們生存所需。

這麼做的缺點是，他們的人生變得無趣。事情總是以相同的方式發展，所以不會有令人振奮的新事物。隨著時間過去，討好者可能陷入焦慮或憂鬱，甚至怨恨為什麼自己如此努力討好別人，卻沒有人試著投桃報李。他們的系統不再如此有效，他們也墜入負面情緒的惡性循環。

人生並非只有這種模式。討好者有許多方式可以奪回自己的人生，最基礎的工具就是突破平凡的日常。他們必須培養好奇心，探索如何在人際關係的建立中發揮創意。

合群：要讓一切在掌控內

昨天起床的你是一個人，但一整天過去，你改變了。你成為新的人，而原因如下：

- 有些對話帶給你不同的想法。
- 你吃下的東西影響了你的身體和心理。
- 你的經驗改變了你的思想。
- 你的選擇影響了你的結果。

- 你體驗了前一天沒有的情緒和感受。

每一天，你都有所改變。或許你未能察覺，但你確實不同了。有生以來，我們時時刻刻都在改變。

此刻的你，是至今所有人生經驗的累積。有些是正面的，有些是負面的，卻都影響了你這個人。明天，你會再次改變。你的伴侶、主管、子女、鄰居，以及生命中每個人也都是如此。改變發生得很緩慢，你甚至不會注意到。所以我們時常會以為，人們和一個星期，或是一年之前並無二致。人際關係越長久，就越容易認定自己非常了解對方。

但你並不真的了解。人們都在改變。假如你沒有注意到，那麼你的了解只會越來越薄弱。這樣很危險，因為你會開始把一切視為理所當然。

新生兒來到世界上時，還沒有人了解他。他是全新的。我們得持續觀察他、認識他。我們慢慢了解他喜歡和討厭的事物、對不同事物的反應，以及他的個性和脾氣。我們成了這個嬰兒的學生。隨著時間過去，我們漸漸深入再深入地了解他。

你非常有好奇心。你希望能了解所有和他相關的事。當你的好奇心消失後，你將認定他不會再改變。

我在臉書上仍和一些高中的好朋友保持聯絡。他們都是很棒的人，我也很感恩有機會繼續聯絡下去。

但我上一次和他們坐下來好好聊天，已經是幾十年前的事了。假如你要我形容他們，我頂多憑記憶來描述。不過我知道他們已經完全不同了，因為他們的人生這麼多年來一定經歷許多改變。我和以前不同，他們也是，當然你也不例外。

當你覺得某段人際關係變得沉悶，或許代表你沒有看見發生的變化。在你眼中，對方仍是以前的模樣，而不是現在的樣子。為什麼會這樣？因為你不再好奇。

假如你相信對方不會改變，你就會接受無趣的現狀。然而，對方其實不斷改變。保持好奇心，下面兩種情況就會發生：

- 你認識他們新的一面，感到興奮。
- 你不需要控制他們的觀點，因為你忙著享受真正的人際關係。

啟動好奇心的練習

孩子們有著與生俱來的好奇心。只要花時間和四歲的孩子相處，一定知道他們多喜歡問：「為什麼？」他們因為充滿好奇心而四處探索。當他們發現做某件事的方法，就會一再重複。沒有人逼他們，他們只是單純地享受著發現的喜悅。

大部分的成年人都失去了這樣的好奇心。我們忙著生活和工作，不再有時間研究和探索。畢竟，我們已經知道該怎麼做，為什麼要考慮不同的方式呢？

那麼，我們是如何失去好奇心的？我想，這過程正如同：孩子們企圖展現好奇心，卻沒有得到正面的回饋。

從心理學的角度來看，孩子們失去好奇心的主要原因有三點。

恐懼。假如孩童覺得周遭的環境不安全，就等於少了探索之後可以回歸的舒適圈。家庭的危機可能會帶來太多不確定性，讓孩童為了生存緊緊抓住任何事物。

否定。舉例來說，孩子穿著沾滿泥巴的鞋子回家，而父母露出嫌惡的表情，那他們可能就不會再挖蚯蚓和探索地下世界了。

缺席。當父母支持孩子，孩子就有放心探索的安全感。但如果父母在實際上、心理或情緒的層面缺席時，孩子就失去了探索世界的基礎。他們也沒有分享新發現的對象——而分享會鼓勵他們保持好奇心。

那麼，我們該如何建立並保持充滿好奇心的生活方式呢？試試看下方的建議，鍛鍊你的「好奇心肌肉」：

1. **練習好奇心**。從熟悉的地點開車回家時，換一條不同的路線。上餐廳時，點一些沒有吃過的菜。越來越多新事物會進入你的視野。
2. **敞開心胸地提問和思考**。平常問伴侶的方式：「今天過得如何？」換成：「你今天有學到什麼昨天不知道的事嗎？」不要問青春期的子女：「你最好的朋友是誰？」應該問：「你最好的朋友有哪些特質，讓你喜歡和他相處？」
3. **肯定別人的好奇心**。「真是有趣的觀點。你能觀察到別人忽略的事情，真是了不起！」
4. **在城市擁擠的地區散步，仔細傾聽非人類的聲音**，例如鳥叫聲、水流，或是風吹過樹葉的聲音。體會傾聽和觀察周遭環境的價值。

5. **對任何事物，都像記者那樣提問**：人？事？時？地？物？

6. **不讓自己無聊**。假如無聊，就在覺察之後激勵自己探索新事物。也幫助其他人養成同樣的習慣。

7. **告訴別人，失敗也沒有關係**。失敗代表你又知道了，哪些方法無效，因此離成功更近了一步。失敗了就繼續前進，這種能力是你終生受用。

8. **體現出「好問題」的價值**。讓其他人能放心回答——即便錯了也沒關係。

9. **限制媒體的接觸率**。電視裡什麼都有，但卻只是單向的內容輸入，不會提升我們探索和質疑世界的動力。

10. **當其他人分享新發現時，不要急著加入自己的知識**。讓其他人享受這一刻，問一些相關的問題，讓他們更願意去探索——和分享。

注意小變化，敢於提問

愛因斯坦說過：「我沒有特殊天賦，擁有的只是炙熱的好奇心。」

假如你用嶄新的好奇心，去看待重要的人際關係呢？假如你把每次對話都當成難得的機會，認真去了解對方新的想法和經歷呢？

無論認識多久，都不要認定自己完全了解對方。每個相處時刻，都是探索對方內心世界變化的機會。看待重要人際關係時，不要想著「我全盤了解這個人」。應該這麼想：「他們今天有點不同，我想知道發生了哪些改變」。

當對方分享近來發生的事，問些更深入的問題。

「事情發生時，你有什麼想法？」

「然後呢？」

「這對你的觀點有什麼影響嗎？」

「你的感受有什麼改變？如何改變？」

「你打算怎麼做？」

用字遣詞並不重要，只要能傳達真誠的好奇心就好。對方的答案將幫助你透過不同的鏡頭看見他們——他們的觀點，而不是你的。

愛一個人最好的方式，就是對他們感到好奇。花一些時間用他們的眼睛看世界，就是同理心最好的展現。你不需要試著讓對方喜歡你。對方回應的將是你的真心，而不是你精心營造的假像。

假如人際關係變得一成不變，你的人生就會索然無味。很多人會認為，人際關係最終都會如此。千萬別這麼想。你擁有強大的工具，能將活力灌注到逐漸成為例行公事的人際關係：好奇心。

慢，是種刻意練習

任何搭過地鐵的人，都看過街頭音樂家。有些很出色，有些則否，但他們都很有意思。

我在舊金山的街頭看過藝人。其中一個年輕人大概只有十歲，穿著不太合身的西裝和領帶，努力用小喇叭吹出幾個聲音。他前方裝滿硬幣的盒子上，有個牌子解釋：「請資助我上小喇叭的課。」

無論表演者的實力如何，都有個共通點：幾乎不會有人停下來聆聽。人們會避免眼神的接觸，一邊講手機，一邊趕赴下一個約。有些人會因為演奏得太大聲或太煩人，而露出惱怒的表情（代表他們的耳機受到干擾）。其他人則太過習以為常，甚至根本不會注意到藝人的存在。

偶爾會有人放慢腳步，在紙盒裡丟幾個硬幣。或許會有一兩個人暫停幾秒，欣賞表演——但很快就繼續趕路。

然而，如果表演者非常出色呢？我們會有足夠的好奇心停下來嗎？我們會允許自己的一天中多一些美麗，或依然忙得無暇顧及呢？

《華盛頓郵報》決定做個實驗。二〇〇七年，他們讓約書亞．貝爾（Joshua Bell）站在華盛頓特區某個地鐵站的入口。簡單來說，他是世界上最頂尖的小提琴家之一，是精湛的演奏家。他的演奏通常一分鐘就價值一千美元，而他在地鐵站入口演奏時，用的是價值三百五十萬美元的史特拉底瓦里一七一三小提琴。

約書亞穿著長袖上衣、頭戴棒球帽，站在垃圾桶旁邊。在四十五分鐘內，他演奏了六首精妙的古典樂曲。

一共有一千零九十七個行人經過。六分鐘之後，才終於有人注意到他的存在——一位中年男子稍微慢下腳步，看了一下，接著繼續前進。幾英尺之外，排隊買樂透的人則看都沒看他一眼。

四十五分鐘內，只有七個人停下腳步，每個都停幾秒鐘。

約書亞的努力表演，換來的是三十二美元的零錢。

只有一個人試著停下來好好欣賞，伸長脖子想看得更清楚一點。他的名字是伊凡，而他努力想靠近約書亞，聽他的演奏。伊凡直覺地知道，他見證了偉大的音樂演奏。但他無法停留，因為他的母親急著拉他繼續走。

伊凡才三歲。

我們都很忙碌，都有重要的事要做，要和重要的人對話，參加重要的會議。我們都得趕赴重要的目的地，趕上各種重要的期限。然而，我們是否錯失了眼前的美麗或偉大事物呢？

或許不是演奏昂貴樂器的小提琴家。或許是孩子純真的聲音。或是伴侶的心聲。鳥鳴聲或美麗的花朵。或許意味著，應當懷抱好奇心，放慢步調傾聽自己的想法。或是傾聽就好。

英國詩人戴維斯（W. H. Davies）寫下：

如果我們憂思重重，生活將會如何？

我們甚至無暇駐足凝望。

我們周遭就有許多美好事物。放慢腳步，懷抱好奇地欣賞吧。
假如只忙碌於那些重要的工作，你就將錯失生命的美好。

第15章

懂得按暫停

逐二兔，不得一兔。

孔子

假如我希望讓威爾這個朋友一事無成，該怎做呢？有兩個選項：

1. 讓他養成惡習，例如賭博或毒品。
2. 給他兩個不同的機會，兩者同樣吸引人，也同樣會成功。

第一個聽起來很棒，因為一定會摧毀他的人生和人際關係。然而，第二個其實更危險，因為其中沒有任何不良的因子。

多數人都知道要避免重大惡習。然而，面對諸多帶來改變的機會，我們很難決定要專注在哪一點。由於沒有取捨，所以每一項都淺嘗輒止。結果我們的能量分散在太多好的事物上，以至於一事無成。

討好者通常會是最精疲力竭的人。在拚命爭取其他人的肯定下緊抓所有機會。他們嚴格訓練自己，對每個機會都做出立即的反應。待辦清單累積得比已完成清單還快。

理智告訴我們：「是啊，你不可能把所有的目標都完成。把清單上大部分的項目都刪除，只做最重要的事吧。」但是，**討好者認為全部都重要**。他們從一而終，總是根據其他人的想法來決定自己該做什麼，而不在乎對自己真正重要的是什麼。他們做了許多的小事，但沒有任何成果能幫助他們往健康的方向發展，或是種下真誠關係的種子。

培養注意力，將能幫助我們成為健康的討好者，真正為世界帶來改變。

一天當中有多少分心因子？

我的工作是教導人們如何做出抉擇，掌控自己的時間和能量。我的專業是時間管理和人生規畫，也主持個人效能的研討會。理論上，我應該是這方面的專家，畢竟已經幫助了上千人脫離緊迫時間的壓力並重獲自由。

然而，我對分心也非完全免疫，而你也一樣。假如我們不夠警醒，就會身兼家中漏水的水管工、汽車拋錨的技師，以及個人健康習慣很差的醫生。

我們必須持續專注，否則熱力學第二定律就會發威（不踩著油門，汽車就會漸漸減速）。假如不控制時間表，時間表就會控制我們。

對討好者來說，許多事物都會令人分神，無法專注於為世界帶來改變。專注卻能將我們帶向成功。

我在一九八〇年代開始教導時間管理時，重點都放在「如何把事情全部完成」。我們會隨身帶著紀錄簿，每天都整理待辦清單，思考每件事的重要性，再從最重要的開始完成。

我們的確是需要整理掌握自己的人生，但待辦清單反而使負擔加重。它讓我們急於把事情都做完，但不可能。我們應當選擇。不過權量也很困難。

更糟的情況，則是討好者希望能對世界帶來影響。秉持做越多好事，影響力就越大的精神。下場往往兩頭皆空。久了再也無法專注，影響力跟著減弱。畢竟手握著一把米是沒辦法抓到搶匪的。

專注力越強，影響力就越大。眼前一顆球丟來，我們可以直覺地接住。但假如是同時丟兩顆球，我們就得分神，只有一半的注意力能集中在每顆球上。最終很可能兩顆都漏接。

埋頭做——白工

早上一起床，你的心智就立刻全速運作嗎？甚至還沒下床，心中的待辦清單就像一群大黃蜂般讓你驚醒。焦慮勒住你的喉嚨，說：「來吧，開始做事啦……有很多事要做，你已經晚了。」

這個過程可能前一夜就開始，讓你根本無法好好休息。（你有發現嗎，事情往往在半夜時看起來都很糟）一整天就這麼定調。你無法對新的一天感到振奮，只想拿湯匙吃一大桶冰淇淋當早餐。

這可不是展開一天的好方法。你或許不常有這種狀況，也或許每天都是如此。無論如何，我們都有過類似的經驗——這感覺非常難受。

解決的方法可能有點違反直覺，但討好者若想改變世界，關鍵在於做少一點，而非做得更多。當我們無法承受時，多半會試著更努力、更有紀律。然而，假如我們無法規整事務的重要性和優先順序，就永遠無法脫離深不見底的待辦事項大坑。

作家凱勒（Gary Keller）在暢銷著作《成功，從聚焦一件事開始》（*The One Thing*）一書中分享他的個人經驗。他的團隊在削減了專注的目標數量後，成果立刻大幅提升。他們一開始列了約十二個目標，後來則削減到一半。接著，他們又聚焦到其中三項。每次的集中，都讓成果更亮眼。

最終，他們只選擇了一個目標。假如達成這個目標，其他的目標都相形失色。於是他們的成就出現了指數性的成長。凱勒說：「我們聚焦的能力，將直接影響我們的成就。」

讓我們回歸到八二法則，也就是八〇%的成就，來自二〇%付出。又或是借用凱勒的說法：「你的成果有多少，取決於你做的事有多『少』。」

心智工作空間

你到雜貨店裡買牛奶，離開時卻多買了特價的洋芋片、即期的杯子蛋糕，以及你最喜歡的起司。

回到家時，你發現自己忘了買牛奶。

也可能，你需要昨天收到的電子郵件裡的特定資訊。你坐在電腦前想搜尋，但二十分鐘後，你回了三封緊急的訊息、點開一個臉書連結，然後瀏覽臉書一陣子，看了一段有趣的影片，接著快速地檢查別的社群網站有沒有新鮮事。當你站起來後，發現自己根本沒查到你需要的訊息，所以得重新再來。

當生活中有數百件事需要注意力，我們就很難專注於當下最重要的事。無論在購物中心或家中，廣告商都用精心設計的訊息、包裝來吸引我們。他們邪惡的陰謀，使我們被閃亮吵鬧的雜訊包圍而難以集中精神。

這個問題不只困擾討好者，而幾乎是每個人。我們並**不需要改善時間管理的能力，因為時間無法被我們所控制**。**我們需要的是對瑣事的管理**。

我們很容易就認為，表現較優異的人思考能力較強，以為他們的大腦運作方式肯定和常人不同，所以我們注定不如他們。然而，事實並非如此。

研究顯示，我們每個人的大腦其實高度相似。大部分人的腦容量基本上差不多——都相當大。能儲存大量訊息，**但大腦的工作容量卻都很小**。工作容量指的是注意力的焦點。要求它多工，你就會失去專注力。

可以把大腦想像成你的辦公桌。桌子的目的是工作，而非儲存。我們在辦公桌前把事情做完。桌上堆滿東西會使人很難集中精神。當手上的任務難度提高時，桌上的太多事物會吸引走我們的目光。

你或許會說：「對啊，我的桌子很亂，但我知道每個東西的位置。」這樣很棒，但這就代表你把桌子當成儲藏室，而非工作空間。桌子髒亂的問題並非漫無章法而已，而是會讓我們失去專注力。

我們心智的工作空間也是如此。就像是一張完成工作的小桌子，目的不是用來擺放一大堆雜物。

與手機分手的智慧

說到「聰明人」，我們幾乎都會想到愛因斯坦。愛因斯坦思考宇宙萬物，提出了相對論等偉大的理論。我問朋友們相對論是什麼，沒有人能清楚解釋。他們知道自己在學校時學過，但除了考試的答案外，就沒有其他印象了。

我們之所以認為愛因斯坦很聰明，是因為我們不了解他。我們會說：「他的思考層次和我們完全不同，遠在我們之上。所以，他比我聰明。」也可能是髮型的關係，忙著深度思考的人可能沒空好好梳理頭髮。

問題在於，我們看到愛因斯坦（和其他偉人）的成就，心裡會想「我永遠不可能像他們一樣。我沒辦法做出那麼大的貢獻」。這就是為什麼我們常說：「我又不是愛因斯坦。」

的確如此。你不是愛因斯坦，以前不是，未來也不會是。你當然沒辦法做出和他一樣的貢獻。你是你。你能做出的貢獻，宇宙中沒有人可以取代。假如一點貢獻都沒有，就是剝奪了世界那一部分的美好。

那麼，你和愛因斯坦的差別在哪裡？

首先，愛因斯坦沒有電子郵件。他之所以有這麼棒的觀點和理論，或許就是因為沒有太多事令他分心。

如果他晚幾十年出生，生活在現代。想像他坐在書桌前，思考宇宙的奧祕。但他的思緒卡住了，不確定該如何繼續下去。因此，他查看自己的電子郵件、社群網站，或是傳訊息給朋友們，查看朋友們的動態。他試著再想想看，但關於宇宙奧祕的思緒卻還是沒有結果。於是，他拿出智慧型手機，玩了好幾局接龍。當然，只是休息幾分鐘而已。

各式各樣的小事讓我們無法集中精神。但除此之外，我們的動力也受到影響。每做完一件小事，就得花一些時間重新集氣。

我不覺得我們和愛因斯坦真的天差地別。我們都有無限的潛能，在不受干擾的情況下，可以做出無限的貢獻，而且是獨一無二的，連愛因斯坦都無法取代。

你最近在忙什麼重要的事呢？如果能想出答案並加以完成，就能真的改變世界的事？非常困難（但也極度重要），得高度專注又耗費心力的事？當你投注時間後，有多常分心呢？是因為什麼事物而分心的？

假如你可以控制讓自己分神的事物，又會如何呢？一**切都將不同**。

或許，愛因斯坦只是擁有比我們更高的集中力而已。事實上，他曾經說過：「我並沒有比較聰明，只是在一個問題上花比較多時間罷了。」

準備好改變世界了嗎？

慢慢把智慧型手機放下來，退後幾步，不會困擾任何人……

（順道一提，愛因斯坦用很簡單的方式解釋相對論：「當你在追求一個漂亮女孩，一小時只像一秒鐘。當你坐在燒紅的煤渣上，一秒鐘就像一小時。這就是相對性。」）

第16章

專注，帶來當下的豐盛

任何東西只要斷電片刻，幾乎都會恢復正常，包含你我在內。
美國國民作家 安．拉莫特（Anne Lamott）

我有一群朋友總是一起玩桌遊《卡坦島》。他們一玩就是一整個晚上，會準備許多點心，並花好幾個小時規畫策略。

也有許多身為討好者的朋友，覺得他們在浪費時間，因為這件事毫無生產力可言。「我根本沒辦法這樣。」他們會說：「我有太多事要做，不可能留時間給自己。我沒辦法享受這種事，會一邊玩一邊充滿罪惡感。」

我的朋友們可不這麼認為。玩桌遊的時間對他們來說很有價值。我告訴他們這樣很像邪教，但其實我只是很忌妒他們，因為我不夠聰明，沒辦法跟上。（連簡單的《蛇梯棋》〔Chutes and Ladders〕對我來說都是個挑戰。）

那麼，誰是對的呢？他們到底是不是在浪費時間？我在電視上看曲棍球賽是浪費時間嗎？和朋友在午餐時間喝咖啡呢？不認真運動，而是出門散步呢？

馬特是位老師，沒留什麼時間吃午餐。我們一起吃午餐時，花在開車的時間比實際上相聚的時間還長。這樣算浪費時間嗎？

有些人希望隨時保持極高的生產力。假如沒有得到成果，他們就會覺得在浪費時間。對他們來說，每分每秒都必須有所產出。就如同作家韓賽爾（Tim Hansel）在他的書中所說：「休息讓我充滿罪惡感。」

那麼，浪費時間的標準是什麼呢？很簡單，一件事是否帶給自己或其他人價值。休息時間只要符合下列條件，就不算虛度：

幫助我從繁忙的日常中恢復，

回復我的能量、專注和能力，

不只是漫無目的的活動，而能帶來真正的喜悅，

讓我進行創造，或是

比起花費的時間，帶給我更多的回報。

創造力並非一蹴可幾。想像你在米開朗基羅創作時，不斷催促他早一點完成西斯汀小教堂。

當我們浪費某事物時，代表把它拋到一邊，讓它對自己和別人都失去價值。當我們投資某事物時，得到的回報是倍增的。假如我們用生產力來衡量時間的意義，那麼休息就是浪費；但假如衡量的標準是人際關係和個人的恢復，休息就會是聰明的投資。

休息是為了努力做準備。生產力高和偉大成就都很棒。但對討好者來說，他們努力是為了給其他人好印象。這令人精疲力竭，因為生命中會少了「中性」的狀態，永遠都只有「努力」。

這個章節所提到的要素，會是討好者最容易忽略的，因為這項要素聚焦在我們自己身上。當你奉行的教條，是從其他人的看法中尋求自我價值，你就會覺得投資別人比投資自己更重要得多。焦點放在這裡的話，花時間自我照護似乎就是錯的。

事實上，假如我們希望有效地討好別人，自我照護就至關緊要。就像是飛安指南所說的——在幫別人戴上氧氣面罩前，得先把自己的面罩戴好。把別人放在自己之前的人，很快就會完全失去幫助人的能力。

投資自我這項技能可以透過學習而來，並且能帶給我們立即的助益。困難的部分在於改變心態，要相信努力會是值得的。

最好的投資就是自己：三個步驟

對於討好者來說，要改變長時間的習慣可以說是無從想像。因此，我們需要簡單、可以重複執行的步驟。我們可以做出選擇，然後持續這些步驟，直到出現成效為止。思考以下的步驟，能如何應用於我們自身的經驗呢？

1. 以過去為基礎

「假如你的房子失火了，在衝出門之前，你會搶救什麼？」

我們都聽過這個問題，也都有相似的答案：

- 家人和寵物
- 相簿（家人的照片）
- 特別的紀念品（家人的作品，有特殊的意義）

我從沒聽過有人說「我會搬走沙發」，或「這個吊扇很貴，我非帶走不可」。只要能取代的東西，我們都不會帶走。無論多少錢都一樣。價值並非來自事物的價格，而來自其代表的人際關係。我們搶救的是無法取代的事物——將我們與他人連結的事物。

我的妻子整理了許多本相簿，涵蓋了我們整段的婚姻，其中有上百張照片，記錄了我們一起做的事、我們的子女和孫子，以及我們的好朋友。也包含了意義重大的特別的事件和重要時刻。她也寫了許多註記，讓相簿成了我們人生旅程的記錄。

每當有人想要了解過去的事件，妻子就會找出對應的相簿。無論發生的時間、參與的人、做過的活動，幾秒鐘內我們就能找到答案。

然而，還不只如此。我們總是忍不住多看幾頁，讓過去的記憶重新浮現。「嘿，看看這個！還記得你留的鬢角嗎？燙得真狂野！我都不記得你染過這個顏色了……」

我們會想起早已淡忘的回憶——這感覺真的很棒。雖然活在過去、懷念「美好的舊時光」並不是健康的事，但過去的回憶能為現在賦予意義，讓我們的人生更加豐富。這就是我們學習歷史的原因：**記得過去的自己，才能讓我們更了解現在的自己**。

在臨終前，我們不會在意自己客廳牆壁粉刷的顏色，只會想起曾經在客廳有過的對話。我們不會想起院子的景觀設計，只會想起曾經一起在院子玩耍的人們。度假時欣賞的風景，比不上和我們享受假期的旅伴。我們會銘記在心的，是和我們共同創造回憶的人們。

這對討好者來說為什麼重要？因為我們時常忽視過去，只把重點放在從別人身上得到自己想要的。我們因為相同的理由，而專注於現在。當我們能學習健康的討好方式，就能從現在開始，打造真誠的回憶，賦予其未來的價值。回顧今天時，我們將找到喜悅。

2. 注意你的輸入

已故的講者兼作家瓊斯（Charlie “Tremendous” Jones）說過：「五年後的你和今天不會有太大的差別，除了兩件事：你讀過的書，以及你所親近的人。」

我不確定這句話對我人生觀的建立，有多麼深遠的影響。然而，這樣的名言佳句培養了我對於閱讀和對話的熱愛。

我覺得大概是這樣的：

- 想法形塑一個人。
- 人的想法來自外在的輸入。
- 外在的輸入來自我們的感官：我看到什麼、聽到什麼。
- 我們可以選擇自己看到和聽到什麼。

假如我的理解無誤，那麼形塑我思想的原料有：

- 我有過的對話
- 我讀過的書籍
- 我看過的事物

這樣的結論符合邏輯吧？希望提升自己，就得慎選這些原料。

有許多事物都要爭相占據我的注意力。當我開車時，廣告看板都對我高聲呼喊。喜歡的節目劇情總是轉進廣告。加油時的小螢幕引誘我辦信用卡，或是到商店裡買些零食。每年都有成千上萬本新書出版。收件匣裡塞滿對我的要求。在家門口、車子的雨刷下、擁擠人潮間都會看到傳單，希望引起我注意。

有太多很值得一讀、一看、一聽的內容，沒辦法全部都吸收。假如不刻意控制輸入的內容，就會一不小心只選擇最閃亮耀眼的。這些原料將開始形塑我的思想。我的人生。

假如櫥櫃裡的原料只剩下砂糖、奶油和巧克力，我們就不可能做出健康的點心。或許成品很美味，但絕不健康。我們需要不同的原料才能有不同的成果。

那麼，該如何整理這些輸入，確保自己能選擇最好的呢？

（1）決定你想要成為怎樣的人

（2）決定怎樣的原料能幫助你達成目標

（3）有意識地選擇最佳原料

最高品質的原料會帶來最高品質結果。優良原料會帶來優良的結果。品質不佳的原料則只會有差強人意的結果，不會有其他可能。假如你希望擁有高品質的生活，就得更慎重地面對每個選擇。

3. 活在當下

我時常會為了明天而活，但我的本意並非如此。我知道自己得認真過每個當下和每一天，但我的待辦清單太長。（你也是嗎？）結果我面對清單上的事項時，注意力通常不會放在事項本身——我不會想著自己正在做的事，品味每個瞬間，體驗每個事件。我忙著滿足其他人的期待，不讓他們失望。我試著把事情完成，以便著手下一件事，讓自己離終點更近一點。

我在清單的每件事前都打了勾勾，卻錯失了每一刻。

大部分的人都為了勾勾而活。我們大多數時間都在向前衝，試圖趕上或超前，接著滿心期待可以放個假，讓自己恢復精神。但我們在度假期間，即使沒人催促也還是會回覆所有郵件。

我們四下張望，想知道別人的反應如何。我們為了**在生活中領先超前，反而錯過了當下的豐盛**。

就像是用錄影機記錄孩子每個派對、每場特殊活動的父母。他們日後回放影片時，看到的總是孩子本身——而不是自己和孩子的相處。雖然替未來保留了回憶，卻沒能成為回憶的一部分。

令人不安的事實是：我們死去時，依然會有許多該做的事。所以，請確保你完成了最重要的部分。

假如我們每一天的清單上都有許多人要討好，那我們只會專注在清單本身——那麼就不會有人覺得受重視。我們的動機來自完成待辦事項，而非守護人際關係。

我的女婿布萊恩非常懂得活在當下。他是個厲害的銷售員，甚至可以把毛皮大衣賣給毛茸茸的猛瑪象。然而，這不是因為他受過高階的銷售訓練，或是精熟相關的技巧。而是因為他面對每個人都是全心全意。他的人際關係是真誠的，人們感受到這一點，所以向他買東西。

這很難得。一般人不習慣有人全心全意跟自己相處。這種情況發生時，真令人煥然一新。

看看的待辦清單：你是為了今天而活，或是眼中只有明天？如果能認真面對每個項目，全神貫注且心無旁騖地體驗，又會如何呢？

以下有五點能幫助我們專注在當下：

（1）**無論是在一對一的對話或是會議中，都不要用任何電子設備**。在事情完成前，都把手機放在看不見的地方。

（2）**約定好使用科技產品的時間**。決定你一天要看幾次電子郵件，並記錄在行事曆上。只有在科技時間，才全神貫注在科技產品上；人際相處時間，就專注在別人身上，不要混在一起。

（3）**注意你的環境。無論在室內或室外，都關注你周遭的細節**。花些時間傾聽你身邊的聲音。觀察你平常會忽略的小細節。感受氣溫和微風。傾聽非人造的、大自然的聲音。

（4）**把車上的收音機關掉**。不要持續接收，而是花些時間好好思考。假如這讓你不舒服，那或許代表了有些問題亟需解決。

（5）**不要把整理、歸納當成第一要務**。當你死的時候，沒有人在乎你的收件匣有沒有未讀信。他們在乎的是，你是否影響了他們的人生。

照顧自己

假如我們的價值來自其他人的想法，我們就得用力討好。假如我們的價值發自內在，就得好好對待自己。對討好者來說，這聽起來太自私，而且會適得其反。這就是為什麼，我們該改變的絕不只是做事方式而已。

我們得改變自己的思考方式。

我們越是好好投資自己，就越能以有意義的方式來討好別人。

第17章

感恩，帶出人生的積極面

小豬發現，即使他的心臟很小，卻能容納很大的感恩。

《小熊維尼》作者 艾倫．米恩

黛安和我剛結婚時，我們沒有太多錢。我們在加州的麗浪多海灘市租了一棟小房子，僅有四百五十平方英尺（約十三坪）而已。但我們也只能負擔得起這麼多了。這是一棟待整修的房子，而我們提出自行整修為條件，減少了一些租金。我們一起鋪了院子的草皮、粉刷牆壁，布置花床並種下植物。花了不少功夫，但我們不介意。我們還在熱戀期，所有的事都攜手完成。

房子和海灘只隔著幾條街，所以我們常常在傍晚走到海邊。散步一點都不花錢，我們就這麼牽手聊天。雖然沒辦法常常去看電影或上餐館，但沒關係。

能在一起，我們就很感恩了。

友人送了我們幾個沉重的大箱子當作結婚禮物。當我們打開時，發現裡面放滿了罐頭食品——但標籤都被撕掉了。我們說：「多巧妙的禮物啊！」我們都笑了，因為這個禮物實在太無厘頭。

我們把罐頭都擺在廚房櫃子的最上層，不確定該拿它們怎麼辦。放在那裡至少不會太礙事。

然而那一年多，我們好幾次都身無分文，冰箱裡空空如也。於是，我們會挑三個罐頭，搖一搖，猜測裡面是什麼。我們把罐頭放到桌上，拿出開罐器，進行飯前禱告——感謝上帝賜予我們食物。

接著，我們開罐。晚餐吃到罐頭桃子、罐頭豆子配罐頭橄欖一點也不奇怪。

我不覺得我們會在餐廳裡點這種組合，但我們記得這些晚餐——不是因為毫無道理的食物搭配，而是因為感恩。我們在需要時擁有了這些食物，我們永遠不會視為理所當然。

寫作這本書時，我們已經結婚四十三年了。人生每個階段都有起起落落，但我們努力心懷感恩。如今，櫥櫃裡所有的罐頭食品都有標籤。當我們規畫一餐時，很確定自己吃的是什麼。這還滿令人安心的。

但就沒那麼興奮刺激了。

在一段關係剛開始時，大部分的人擁有很多時間，物質方面卻相對缺乏。關係的晚期，物質幾乎總會比時間更充沛。

物質沒什麼不好。但富裕之時，我們很容易把一切都當成應該的。時間很棒，因為人生就是由時間構成。但我們很容易為了追求物質，而排擠了時間。現在可以試著歸零。

- 當時間多於物質時，你的人際關係是何種樣貌？
- 現在有什麼不同呢？
- 可以做出怎樣的選擇，讓你的關係擁有更多時間呢？
- 你該如何對現在充滿感激，就像以前那樣呢？

典型的討好者通常抱持匱乏思維（mindset of scarcity），由於用其他人的看法、認同來形塑自身的價值，因此唯有受到肯定才會快樂。然而，這樣是永遠不夠的。即便獲得了十個人的肯定，但只要有一個人無視，他們就會執迷於那個人。他們永遠不會感恩，只著眼於得到多少人的認同，總是難以滿足。

反之，健康的討好者懷抱著豐盛思維，個人價值源於內在，無論有沒有人肯定都不受影響。他們對於認同充滿感恩，但並非不可或缺。

他們很感恩。

這樣的心態讓他們得以影響其他人，有能力給予，而非只是一味接受。而他們在人生每一個領域都是如此。

感恩的力量

改變我們的思考方式似乎難如登天，但其實只要做出簡單的選擇，通常就能帶領我們往全新的方向邁進。好比種下的一顆種子不可能一夜之間就長成參天巨木，我們得選擇每天澆水、定期施肥。幾天不做它就會枯萎而維持澆水的習慣，它過一段時間後會大幅成長、欣欣向榮。

培養感恩的心態，並不代表要忽視所有痛苦的事。我們受過其他人的傷害，那些痛苦都是真實的。感恩的心態代表著正視現實，但也同樣積極主動地聚焦在正向的事物上。

有一首鄉村老歌唱到：你的心被踐踏輾壓。你人生中曾被人如此對待嗎？那通常是你信任的人，和你認識許久，你認定對方是朋友。你們一度相處愉快，共享著生活。甚至有可能是你的家人。

然而，他們卻背叛你，在背後說你壞話。或是突然告訴你，他們已經對你不滿好一陣子了。你措手不及。他們所說的話或所做的事，徹底破壞了你的信任。

他們踐踏了你的心。

在美國，感恩節是打破日常、和家人與朋友一起慶祝、看美式足球轉播的日子。你或許會有意識地心懷感恩，因為你「應該」這樣，也把注意力放在這裡。你刻意地想著自己感恩的事，或許也在晚餐時和大家分享。你不會讓自己心裡的傷口影響一切。

隔天，你回歸日常，再次感受到內心的痛。感恩節隔天，你還應該感恩嗎？一個星期後呢？一個月後呢？

是的。

感恩節只是個好機會，讓我們練習一年中的每一天都必須做的事。然而，這不代表我們有義務要「正向思考」並「態度良好」。這麼做的原因是，唯有感恩的心態才不會讓我們淪為生命中各種人事物的受害者。

有些人受了傷以後，會讓痛楚在幾年的歲月中侵蝕毒害他們的生命。我們身邊都有這樣的人。他們被過去絆住，總是說：「有什麼值得感恩的？看看這些人對我做了什麼。他們毀了我的人生。」

感恩是這種毒藥的解毒劑。理由如下：

- **感恩讓我們看得更清楚**。當痛苦強烈時，我們很容易就忽視了生命中正向的事物。選擇感恩則幫助我們同時看見正面和負面的事物。
- **感恩不會貶抑我們的痛苦**。痛苦是真實的，我們無法忽視。光是說「撐過去就好」是沒有幫助的。我最近剛動手術，告訴醫生傷口很痛。他回答：「當然很痛，有人用刀子把你切開耶！痊癒的過程肯定會痛，而且會留下疤痕，但痛苦終究會慢慢減輕的。」而感恩將幫助我們恢復。
- **感恩讓我們不淪為受害者**。曾經有人說：「沒有人能毀了你的人生，除非你讓他這麼做。」永遠只看著傷口，就等於把情緒的掌控權交給傷害我們的人。建立起「感恩的心態」將幫助我們長久地掌握控制權。

- **感恩讓我們的情緒能量歸位**。我們生命中有一些人需要我們的時間、關注和情緒投資。他們值得我們這麼做。苦澀會把這些能量耗盡，讓我們無法好好對待值得的人。感恩則讓我們能量充盈。

棘手的感情問題很難找到簡單的答案。人們會傷害我們，痛苦都是真實的。或許永遠不會有答案，關係的傷口或許永遠不會復原。他們造成的痛苦，或許需要專業人士的幫助才能慢慢解開。

然而，在旅程的這個階段，要開始痊癒的最好方式，就是盡可能地對一切懷抱感恩。這並非萬靈丹，卻能幫助我們用務實的觀點看待人生。

不完美的感謝

每次到旅館擔任研討會的講師時，我都會發現會議室一如以往地布置好——桌子就定位，鋪了桌巾，影音系統也設定完成。椅子排好了，咖啡壺也在角落定位。主辦團隊提早到場，完成了這些。

然後他們會消失。這些人受的訓練，就是讓自己隱形——在背景默默工作。這很不幸，因為他們左右了活動的成功或失敗。他們出色的表現，代表我不需要擔心所有細節。假如研討會很順利，都是他們的功勞。

偶爾，我會遇見團隊成員。我總是鄭重地表達感謝。雖然語言通常不同，但這沒關係。我只是建立起人與人之間的連結，他們知道我很感激。

幾個星期以前的事卻出乎我意料。當我抵達位於亞利桑那州的旅館，準備進行員工訓練時，發現教室布置完美，但有人在前方的活動掛圖上寫了「貴冰，貫螢光臨」（Well Come Guess）。

一開始，我以為是前一個活動忘了撕掉。但幾分鐘之後，我意識到這是隱形的工作人員留給我的訊息。他們希望表達感恩，謝謝我使用他們的會議室，也想要和我打聲招呼。

這間旅館的客戶服務，是我體驗過數一數二的。工作人員並不在乎自己的英文是否完美。他們只是想表達感激，所以留下了祝福。

最後，我終於意識到訊息其實是「貴賓，歡迎光臨！」（Welcome, Guest!）我對團隊經理提起這件事時，她笑著說：「他們就是這樣啊。太期待可以服務客人，有時候壓抑不了。他們很感謝你給了服務的機會，忍不住真情流露。」

多棒的一課啊！我習慣確保自己的表現完美無瑕，並用最精準的文字來表達意思。假如做不到，那我寧願不做。我以為這只是小事，一點都不重要。

但這很重要——至少對他們來說是這樣。假如我把感恩藏在心裡，對誰都不會有好處。我得學習開口表達感恩，就算不完美也沒關係。

再怎麼不完美的連結，都好過什麼也不說。

寫下三個感恩的事

討好者通常對人生抱持不切實際的看法。看見面對自己和他人時都充滿安全感的人，他們會說：「我也想那樣。」那種人似乎擁有完美的人生，他們相較之下，很容易覺得自己的人生不夠好。

比較是一場必輸的遊戲，因為比較讓人無法感恩。

有時候，我和妻子會參觀新建案的預售屋。我們在日常不會有敲門就走進別人房間、四處漫遊的機會，這是僅限此時的體驗。（在我住的社區這樣做，參觀的會是警車內裝。）

我注意到，參觀這些房屋時，每個人都輕聲細語。雖然知道根本沒有住戶，我們似乎都很害怕造成打擾。

房屋都很乾淨，播放著輕柔的音樂，沒有堆積的雜物。車庫空空的，整理得一絲不苟（所以我知道屋裡沒有住人）。到處都有儲藏空間。碗櫥的門上沒有刮痕，電視機上沒有灰塵，窗戶上沒有污漬，水槽裡也沒有骯髒的碗盤。沒有房屋貸款要繳。這些房子美極了。

而且是消毒過的。

房子裡沒有真實生活的累積。沒有孩子們玩耍的聲音，地毯上也沒有愛的足跡。

這些房子沒有被居住過。它們是展示用的。我們會想：哇！如果能住在這裡，我們的人生一定會這麼寧靜美好。然而，它們終究會售出，新的屋主會搬進來。車庫開始塞滿東西，電器上出現黏黏的指印，牆壁上則有蠟筆的塗鴉。

這才是房子存在的目的。不是為了展示，而是真實人生和人際關係的容器。假如是為了真實人生而建造，就必須被使用。就像是經典的童書《絨毛兔》（*The Velveteen Rabbit*）——主角本來只是個動物玩偶，必須被孩子愛過，直到絨毛漸漸磨損，才能成為真正的兔子。

預售屋參觀起來很愉快。然而，我們真正的人生和愛都發生在自己的家中。我們很容易把自己的家視為理所當然。或許從今天開始，我們能對自己不完美的家懷抱感恩，也感謝所有讓它不完美的人們。

當我們開始比較時，感恩就會消失。我們看見自己在關係中缺少的，看見別人不認同的，以及種種「雜事」，於是感到挫敗。感恩是我們有意識的選擇，當我們反覆練習這樣的選擇，就能越來越心懷感恩，而影響我們看待人生的方式。

明天早上就試試看吧！在想出三件感恩的事之前，都不要起床。把這些事記下來。隔天，再選三件不同的事。這麼做一個星期。如此一來，你會發現這個練習能影響你一整天面對每一件事的態度。

把每天都當成感恩節。或許，你就能拿回自己的心。

第18章

改變觀點，重新看待每件事

當我們讚歎勝於自己的事物時，就很容易把焦點放在別人身上。

美國社會心理學家　保羅・皮夫（Paul Piff）

報紙上說，這會是史上最壯觀的流星雨——也可能什麼都不會發生。

我向來對宇宙著迷，因此天上發生的任何事都吸引我。土星出現在夜空時，我會拿望遠鏡觀察土星環。木星的五個衛星也令我興味盎然。我觀察過太多次滿月，大概不用開口問路，在太空中也不至於迷失方向。即便已經看過上百次，我仍然可以毫不厭倦地欣賞國際太空站穿過天際。

流星雨很特別。流星雨不常發生，我好幾次都把鬧鐘設在午夜不久後，站在院子裡等待。通常很冷，一直抬頭也讓脖子隱隱作痛。

但我什麼都沒看到過，只有肩頸僵硬和失眠而已。或許是因為我住在南加州，有太多光害了。連一般的星星都看不到幾顆了，更別提流星雨。

然而，當朋友傳訊息通知我時，我還是允許自己燃起希望。不過這一次，會有兩點不同：

1. 根據數學公式，這可能會是最盛大的流星雨（或是一場空）。
2. 流星雨發生時，我會在海拔六千英尺的山間小木屋裡，不會有街燈。

因此，當天半夜十二點半，我披上大衣走到戶外。冷風呼嘯著穿過森林。我抬起頭，可以看見黑暗中隱約的樹影，以及滿天的星斗。

我站在那裡大約十分鐘。沒有流星。我心想，沒關係，一顆就好。假如我能看見一顆流星，就心滿意足了。

但那顆流星始終沒有出現。最後，我聽見自己大聲說：「真失望啊。」

我瞬間就聽出自己的矛盾。我沒有看見任何流星所以失望。然而，我太**專注於沒有出現的流星，甚至忽視了頭頂上壯觀的景象**。

通常，我家附近的天空是一片漆黑，偶爾才有稀疏的星星微弱地閃爍。然而，這裡的天空似乎剛好相反。星星太多，黑色的天空似乎退居背景。上次看到這麼多星星，已經是孩提時期。我父母開著車穿過亞利桑那州的沙漠，我從車窗中看到繁星閃爍。而我卻在這裡，看著最美麗的景象，說著：「真失望啊。」

這樣的情況比我意識到的更常發生。終其一生，我都追求獨特而刺激的經歷；於此同時，卻錯過了許多日常的奇蹟。

我們的周遭充滿了美好的事物——大自然、人際關係、各種不同的機會、我們的信仰、工作和職場、對話交流，以及我們的熱情。

流星很棒，但無法預測。當它們降臨時，固然要好好享受，但卻不能仰賴它們。否則，太容易錯過其他美好了。

《麥克米倫字典》（*Macmillan Dictionary*）對「perspective—觀點」的定義是：和其他事物相比較時，對某件事物好壞、重要性等層面的合理評判。這代表我們檢視某件事物時，會認定從自己的角度所看見的精確無誤。然而，假如換個位置，就會看見不同的角度。這不會改變最初的觀點，只會再累加上去。

我的父親常說：「根據我微不足道但百分之百正確的看法……」我知道他在開玩

笑，因為他是個很棒的傾聽者，也很少把自己的觀點當成不變的真理。然而，我也知道很多人都抱持這樣的想法。畢竟，當我們看見某事物時，很容易覺得自己眼前的就是顯而易見的真理。

遇到不同觀點時，討好者很容易感受到威脅。他們好不容易找到有效的觀點，所以不希望考慮其他的想法。他們的安全感來自掌控一切，而非懷抱開放的心胸。我曾經聽過某個講者說：「假如我覺得自己是對的，會真心想聽你的意見嗎？」

最頂尖的討好者卻學會有意識地退後幾步，看清楚每件事物之間的關聯。他們知道自己的觀點，卻希望看清楚全局。所以如果想帶著健康的自我價值來影響別人的生命，你就該必須秉持全面的視角。當觀點建立在現實，我們會持續挑戰自己的看法，讓自己更全面。或許不會看見流星雨，但觀點改變後，就不會再錯過星空。

視角夠全面的人總是追求真相，並不會因為別人的想法不同就受到威脅。他們願意傾聽——不是為了改變對方的想法，而是了解對方的觀點，使自己的視野更加澄澈。

雜草的存在意義

如果想更理解全面視野的概念，只要看看我們周遭就好。生活中許多簡單的例子，都告訴我們如何做出心理的改變。舉例來說，我們有時會希望替房子做景觀設計，或是在花園種植物。

園藝活動似乎有許多有益於心靈的元素。我們雖然參與了整個過程，卻沒辦法強迫達到任何結果，就像人生的許多事一樣。我們種下種子，提供水、養分、修剪和維護。我們營造出適當的環境條件，而植物只是逕自成長。

就如俗話所說：「園藝比心理治療更便宜，而且還可以收成番茄。」做得很好的人被稱為「綠手指」（因為一切都會變綠）。不太擅長的人則是「黃手指」（因為都會變黃）。

我兩者都是。隨著時間，某些植物生長得還不錯，但大部分的其他植物卻不太好。有一種植物我很會種，那就是雜草。

從這個標準來看，我的雜草欣欣向榮，足以讓我得到綠手指的稱號。很顯然，我提供了正確比例的水分和養分，付出了恰到好處的努力——因為雜草長得很快，瘋狂地繁衍。雜草茂盛、飽滿又健康。

不久之前，我女兒傳給我雜草的定義（我不太確定她為什麼會想查）如下。

雜草：在生長的地點毫無價值的植物，通常生機蓬勃。

這讓我不禁開始思考。雜草和其他樹木一樣，都是植物。雜草「生機蓬勃」，不正是我們對植物的期望嗎？只是地點錯了而已。

假如我們努力打造完美的草皮，就不會希望院子中央開出花朵。花朵很美麗，也可能生機蓬勃。但我們只希望它們長在花床裡。在草皮上，花朵或許會被視為雜草，因為地點錯了。假如茂盛的青草生長在花床裡，也會被當成雜草。只是地點不對罷了。

我們在院子裡種下植物，希望能讓我們周遭充滿美麗與和諧的事物。我們會仔細選擇吸引我們的植物，跳過我們不喜歡的。

雜草就是不吸引我們的植物，出現在我們不想看到的地方，而且生機蓬勃。

是整個**情境決定了一株植物是花卉還是雜草**。

春天開車經過附近的山丘時，呈現一片欣欣向榮的青翠。美景讓我們說不出話來。然而，當我們停下車，在山丘上健行時，才發現箇中奧祕：山丘上長滿了雜草。和我們努力從花園和草皮上剷除的，是同樣的雜草。

然而，這些雜草出現在最理想的位置，扮演著至關緊要的角色：雜草能對抗風和雨水的侵蝕，預防地表的土壤流失。

如果缺乏全面的視野，我可能會對雜草感到嫌惡。然而，視野更寬廣後，我就能欣賞這些雜草的貢獻，讓我們的山丘矗立。假如它們出現在我的花園裡，當然還是難逃一死。

不必正向思考，而要看正反兩面

對於健康的討好者來說，全面的視野能發揮很大的影響力，因為這是以現實為基礎，而非個人單一的觀點。我們不需要認定自己是對的，只需要有能力探索其他人的觀點，並提供幫助。這意味著我們會傾聽，而這是打造信任最快的方式。

頂尖的討好者了解如何改變自己的觀點。他們不會自動相信腦中的每個念頭，而是積極主動地尋找正向的一面。這是他們有意識的選擇。他們不會忽視負面的事物，但也不會認定負面就是一切。

我們可以選擇自己腦中的思緒，這是我在幾年前，用吸塵器打掃家裡得到的體悟。

對我來說吸塵器最棒的部分，就是可以畫出線條。無論往哪個方向前進，吸塵器留下的線條都會告訴我們，地毯很乾淨了。（我有時候會想，如果拿一根樹枝在地毯上畫出線條，人們大概也會覺得才剛剛清過。）

幾年來，我嘗試不同的圖案，有時是對稱的，有時則發揮創意。我總覺得，這個過程幾乎已經稱得上科學和藝術的結合。我希望人們走進來時會看到這些線條，知道我已經為他們打掃過。

然而，我的作品維持不了太久。大約一天左右，線條就會消失，被腳印所取代。通常，我看到腳印時會想，「喔不，我又得再吸地一次了」。這感覺就像有問題需要加以修正。似乎地毯上沒有線條，整個家都要失控了。

但在某個星期天早晨，一切不同了。我走出臥室往客廳看去，地毯上沒有線條。我看見許多腳印，上百個腳印。這和我所追求的完美剛好相反，天差地別。一般來說，我應該要感到挫敗。

然而，這次卻讓我露出笑容。

地上的腳印不大，是小小的腳印，是孫女愛芙莉和伊蓮娜（當時分別是六歲和三歲）前一天留下來的。我們在客廳玩了好幾個小時。愛芙莉用泡棉積木蓋起城堡，喋喋不休地說著國王、公主、火龍和護城河的故事。伊蓮娜忙著玩木頭火車，在軌道旁擺上動物、樹木和號誌。我們不停地聊天、大笑和玩耍，直到晚餐時間。我們感受著彼此的愛。

客廳裡充滿歡樂的笑聲，我們打來打去，玩枕頭仗和「癢癢蟲」。在喜悅和笑聲中，美好的回憶也誕生了。

這就是客廳存在的目的。

隔天早上，地毯上沒有吸塵器的線條了。但我並不挫敗，反倒因為回憶而有了最深刻的滿足。腳印是最美好的提示，點醒我們地毯真正的目的。

我還是很享受用吸塵器畫下圖案。但當孩子們拜訪時，我吸地板的目的就不是為了清除腳印。

而是為了迎接腳印所做的準備。

第四部分

把夢想縮小

How to Change

你是否覺得，每天都機械式地過著一成不變的生活？

你希望一切能越來越好，你的立意也很良善。你充滿幹勁好一陣子，接著卻又回到過去的習慣和生活方式。變化，就像是站在雨中把自己擦乾。

這樣的狀況越常發生，我們就越感到挫折。每次失敗似乎都比前一次更糟，你漸漸覺得根本就沒有改變的希望。或許你也覺得自己永遠會是這個樣子，與其面對一再的失敗，不如接受命運。如此一來，就不需要這麼努力，罪惡感也會小一些。

你知道嗎？你並不孤單。我們都有過這種感覺。我們希望改變，但改變看似遙不可及。

這就是「生而為人」。

網路上充滿了勵志金句、迷因和挑戰。社群網站的許多帳號，專門發一些引人深省的名言佳句，為我們樹立了努力追求的目標。我們因此看見了某種「我希望成為這樣」的形象。這些帳號反映的是我們的夢想和理想。

我從來不曾看過馬克杯上寫「我還行」。但我看過「夢想小一點——這是你唯一成功的希望，真的」。

我們會心一笑，因為對大多數人來說，生命階段或許各自都是如此。然而，未來並非只有這一條路。本書的最後一個部分，就要聚焦於三個面向：

- 讓改變持續發生
- 忠於自我
- 以真實自我面向世界

我們都應該將一個訊息刻在心底：**你已經夠好了**。

讓我們一起學習，如何在未來實踐這個訊息吧！

第19章 讓改變持續發生

成為你命定中該成為的人，永遠都不晚。

英國作家 喬治．艾略特（George Eliot）

聽到「改變」這個詞，你有什麼感覺？

假如你處在自己不滿意的狀態中，改變會是你欣然接受的解脫；當你在愉快的情境下，改變則可能讓人挫折——甚至心生恐懼。

無論如何，改變都將使我們離開舒適圈，但我們喜歡待在舒適圈裡。我們並不想承認，畢竟網路上充斥著「舒適圈有害」的語錄，大家都該改變。然而，坦白說，大部分的人在舒適圈中都很舒服。這也是舒適圈一詞的由來。

好比睡眠。我們或許喜歡每天刺激的事和能量，但晚上都一定要回到枕頭進入溫柔夢鄉。睡眠會讓我們回復能量，準備面對明天不同的挑戰。

關鍵在於，我們得意識到改變肯定會發生。或許不是每天，但一定會來臨。有人說過，在任何時間點，我們不是正在改變，就是剛改變完或即將改變。我們可能覺得自己必須改變——但也要理解，假如什麼都不做，改變就不可能會發生。

外在的改變會自然發生，內在的則是個人選擇。

對討好者來說，這種選擇可能恐怖萬分。畢竟終其一生，你都為了別人的肯定而活。這是你所熟悉的舒適圈，但你知道自己的生命正一點一滴被侵蝕。你想要改變，但這會讓你進入陌生的新領域。你同時也害怕自己無法掙脫習慣性討好的枷鎖，擔心失敗告終，重回過去的生活模式。

外在的改變無法避免，我們得面對這樣的現實。內在的改變則將幫助我們形塑自己的未來，值得我們去追求。這些改變的結合，將影響我們的人生。

值得的冒險

我時常旅行，但我不是個很棒的旅人。我喜歡旅行的概念，但旅行的過程卻帶給我壓力。我會在任何事發生前，就擔心旅程中每個瑣碎的細節。

- 我擔心行李超重。
- 我擔心飛機誤點，延誤轉機。
- 我擔心隨身行李放不進飛機上的置物空間，必須改成託運，然後又被寄丟。
- 我擔心旅館的預約出問題。

幾年前，我和妻子第一次到歐洲旅行。我擔心遇到不會說英文的計程車司機（也確實遇到了），沒辦法請他開到我們的旅館（但他成功找到了）。我擔心在陌生的地方找廁所、吃陌生的食物，體驗陌生的事物。我完全離開了自己的舒適圈。

這趟旅程非常美好。我所害怕的事都沒有發生（除了計程車司機）。如今，我們一直想再拜訪歐洲。我的第一直覺是完全複製前一次旅行，畢竟我們比較熟悉了，可以算是我的舒適圈。

有些人不是旅人，也不將人生視為一段旅程。他們對舒適的感覺上了癮，於是不再探索人生的豐富。隨著時間過去，他們對人生的願景越來越黯淡，開始向內退縮，不再往外開拓，也迷失了生命的意義。然而，無論我們喜愛冒險，或是喜歡欣賞別人的歷險，都有一個共通之處：我們喜歡舒適圈。

這是壞事嗎？一直以來，我們都聽到「應該脫離舒適圈」的勸告。人們總是說，唯有脫離現況，朝有意義的新方向發展，才算是真正地活著。這是以生產力為導向的社會高唱的陳腔濫調。

論點如下：

1. 我們生來注定偉大。
2. 我們現在並不偉大。
3. 我們得脫離舒適圈，才能變得偉大。
4. 我們永遠不該滿足於現狀，而應該努力提升。
5. 假如停留在現狀，我們將度過平庸的一生。

還有許多不同的版本，但基本概念是一樣的：我們必須改變。

改變發生的第一步，是看見跨出舒適圈後的人生可能性——我們的生命會更加豐富，做出更大的貢獻，人際關係也將更圓滿。但很多人都以為，離開舒適圈就會進入陌生可怕的世界，不但語言不同，也失去方向感。短暫度個假固然沒關係，但回到熟悉的環境後，他們會如釋重負。

這種感受是真實的，也沒有問題。我們都需要定期回家才能重新整頓自己、恢復精神，找回生命的平衡。然而，我們也需要定期離家，朝新的方向前進，為自己（和其他人）的生命增添價值。

假如我們相信舒適圈是不好的，就會失去生命當下的豐富，一停下腳步就充滿罪惡感，也會隨時對未來的表現感到壓力和焦慮。

那麼，如果取得平衡，滿足於現在（活在每個當下）同時也朝著未來的改變努力呢？我們的生命品質將大幅提升，而付出的努力並不如想像的多。我們將對世界帶來貢獻，生命將充滿意義。

我們不需要有巨大的進步。可以先移動到舒適圈的邊緣，有意識地輕輕踏出邊界，待一陣子，直到變得舒適為止（成為擴大後的舒適圈範圍）。接著，我們重複這個過程——拓展，調適，適應。如此這般，不斷重複下去。

這就是成長。

一個人停止成長，就會開始衰亡。你是否發現，自己因為成長太過困難，而決定放棄，安頓下來？待在你的舒適圈裡，但定期探出你的腳尖，讓你的舒適圈擴張。這是**任何人**都能做到的——而假如能養成習慣，就能改變人生。

誰知道你會找到怎樣的冒險呢？

健康改變的三個階段

對討好者來說，改變是什麼樣子呢？從不健康的狀態變成健康的，讓他們有如置身在一艘綁在碼頭上的船，永遠到不了夏威夷。許多人都夢想著目的地，卻又想到路途中所有可能出的錯——於是選擇留在原地。

任何值得一試的旅行，都包含以下三個階段：

1. 離開碼頭
2. 通過未知的領域

3. 抵達目的地

在第一階段，我們處於熟悉的領域。空氣中充滿魚腥味，環境十分嘈雜，我們每天重複著相同的例行公事。雖然不是夏威夷，但很安全——因為我們擁有碼頭的保護。要離開非常困難，畢竟我們不知道旅程會如何發展。碼頭是「已知」，而航海過程則是「未知」。

此時的任務是解開繫船的繩索，克服慣性，開始航行。這感覺並不安全，也沒有那麼舒適——但神奇的事會就此發生。

在第二階段，我們的感官都放大了，能更敏銳感受到周遭發生的事，因為一切嶄新、未知而危險。不久之後，我們就會忘了碼頭，全神貫注在旅程的挑戰。

通常，會有兩件事發生：

1. 我們意識到，自己有能力面對這些挑戰。我們面對著全新的情況，被迫動用所有的資源和能力來奮鬥。
2. 我們開始對自己提升的能力感到安心，慢慢地活躍起來。我們已經開拓了新的領域——也存活下來。

這會是漫長的旅程，全新而特別。然而，隨著時間過去，「新的常態」會漸漸形成。我們的舒適圈擴張了，我們也隨之成長。新事物嘗試了一陣子，不舒服的感受就會舒緩。

在第三階段，我們抵達目的地。是時候慶祝和探索了。我們已經離開大海的舒適圈，決定進入新的環境。

大部分的人從未達到第三階段，因為他們害怕在碼頭解開繫船的繩索。

不同階段之間的轉換，感覺或許像是跨越巨大的鴻溝。然而，一旦成功轉換，我們會很快地適應新的模式。就像是進入冰冷的游泳池。用腳趾試探時，水感覺像冰。水池外很溫暖。我們試著鼓起勇氣，最後卻坐在池畔的長椅上，慢慢啜飲著裝飾了小雨傘的飲料。但假如我們跳進池中，會發生兩件事：

1. 我們感受到現實的衝擊。
2. 我們很快地調適，在幾秒鐘之內，就覺得水很溫暖了。
   改變總是很可怕，因為新事物與我們的現況如此不同。然而，一旦進入水中，我們就明白自己完全有能力應付。

只要跳就好了。

改變，我應付得來！

當人們只看見自己必須放棄的，卻看不見較遠的收穫時，就會抗拒改變。他們選擇留在舒適圈。因為未知而對下一個階段裹足不前。

那麼，你有面對改變的能力嗎？答案是肯定的。你本人就是面對人生改變最重要的資源。你就是每個階段所需要的一切。進入下一個階段，你會發現在最迫切的時候，你所需要的資源就會自然浮現。

人生就是改變。改變有時很痛苦，有時則充滿驚奇，多數時候則兩者皆是。成長的關鍵，就是持續朝改變邁進。如此一來，新的階段將比舊的更吸引你的注意力。最終，你會發覺未來比過去更有趣。這代表你在正軌上。

下一步是什麼？把船解開，開始航行。

冒些風險，成為健康的討好者，一步步影響他人的生命，直到稍稍改變世界吧。

第20章 忠於自我[1]

在教會裡表現完美，就像盛裝打扮照X光一樣。

無名氏

在我完成第一本書不久後，一位作家給了我很實際也很簡單的建議：「不要去讀亞馬遜網站的書評。」

1 免責宣言：假如你沒有信仰，可以直接跳過這一章。我所寫的一切，都是希望帶領任何人通向自由的道路，成為有影響力的討好者，而無論他們的世界觀為何。我自己的世界觀源自於對上帝的堅定信仰，本書沒有加入這種觀點的話，就不算真心坦誠。我在最初的討好狀態時，我可能會為了避免冒犯而省略這一章。然而，健康的討好者必須完全誠實，因此我保留了。我認為這一章能對你有所啟發，但閱讀與否是你的選擇。假如你決定跳過，那就最後一章見囉！

我看不出這會造成什麼傷害，所以無視了他的建議。畢竟，我是個討好者……這可是得到客觀的正面意見的大好機會。我知道我的書很棒（我的看法），所以認為所有的評論都會是一面倒的讚譽。

幸運的是，大部分的評價是正面的。然而，我覺得有些人沒有讀到重點，還不知羞恥地公開發表意見。無論有多少好評，在我的心中，都被負面的評價給抵消了。有些人不喜歡我的成就，還把批評寫了下來。這實在是太慘烈了。

我在擔任顧問的職業生涯中，主講過數千場研討會，主要受眾是企業員工。我也固定在教會和基督教研討會中發表演說，但企業講習才是我的「正職」。這就是為什麼我想寫一些能幫助到每個人的書——而不只是所謂的「耶穌追隨者」，也就是找到與耶穌的真實連結，並以此為人生基石的人們。我的著作裡並沒有太多聖經相關的內容，但也足以讓讀者看出我以信仰為基礎的世界觀。

即便大多數的書評都很正面，但信仰的觀點卻讓我在同一本著作中，得到了兩倍的批評，分別來自光譜的兩個極端。

「他幾乎沒有提到上帝，也不引用聖經來映證任何論點。」

「他整本書都在傳教。」

漸漸地，我了解到自己必須在寫作中坦誠，保持自己獨特的寫作風格。或許這麼做，無論再怎麼努力，都會讓某些人感到厭惡。但那也沒關係，因為我的工作不是討每個人歡心。我該做的是保持真誠，並啟發人們思考。

關於討好，上帝說了什麼？

耶穌的追隨者會認為，討好是不良行為。這就是為什麼，網路上許多內容都告訴我們：「不要再擔心別人的想法。唯一重要的，是上帝怎麼看我們，而上帝愛我們。學會接受這一點，然後無視其他人的意見。」

這聽起來很不錯，但我覺得太過片面，不夠完整。這種看法中的討好，指的只是自我中心、追求別人認同的討好。我們需要的，的確是從上帝對我們的看法中尋找自我價值。然而止步於此，我們固然會好過一些，卻會忽視了其他人——因為他們是我們的痛苦來源。

我們不應該止步於此。生命的目的是融入群體，而非孤立獨處。

有些人會說：「我不需要別人，有上帝就夠了。」這聽起來或許也很棒，卻違背了聖經。上帝確實希望與我們建立個人層面的連結，但祂對我們生命的影響，主要都是透過其他人。在《創世紀》第二章十八節中，上帝說：「那人獨居不好，我要為他造一個伴侶幫助他。」是的，這段話描述的是很特定的具體情境，卻也時常在婚禮中被引用，因為這個概念貫串了整本聖經。人類是為了關係而生，而不是孤立。從這個角度來看，我們是為了正確的討好人而生。

那麼，聖經到底說了些什麼？以下有兩個基本原則值得深思。

1. 我們必須知道上帝對我們的感覺，並以此為自我認同和價值的基礎。

- 「我們是神的創作。」（以弗所書2:10）
- 「（無論誰）都不能叫我們與神的愛隔絕。」（羅馬書8:39）
- 「唯有基督在我們還作罪人的時候為我們死，神對我們的愛就在此顯明了。」（羅馬書5:8）
- 「耶和華你的神……他必因你歡欣喜樂。」（西番雅書3:17）
- 「我以永遠的愛愛你。」（耶利米書31:3）

2. 我們必須讓上帝透過我們，去愛其他人（健康的討好）。

- 「親愛的，神既然這樣愛我們，我們也應當彼此相愛。」（約翰一書4:11）
- 「你們各人的重擔要互相擔當。」（加拉太書6:2）
- 「要彼此同心，不要志氣高大，倒要俯就卑微的人。不要自以為聰明。」（羅馬書12:16）
- 「各人要照所得的恩賜彼此服事。」（彼得前書4:10）
- 「做任何事都不要出於爭競，也不可出於虛榮，而要以謙卑的心，各人看別人比自己強；每個人不要只注重自己的事，也要注重別人的事。」（腓立比書2:3-4）

上帝愛你，就這麼簡單。上帝愛我們真實的模樣，無論你覺得自己值不值得，都無損祂的愛。假如上帝說你有價值，你卻說你沒有，你們雙方肯定有一方錯了。你覺得會是誰呢？

一旦我們立基於上帝的觀點，建立起了健康的自我價值，自然就能成為誠實而有效的討好者——專注在其他人身上，滿足他們的需求。我們不再會利用別人來達成自己的目的，而將真心服務他們。

精疲力竭：危險的訊號

大多數的討好者會因為持續揣測（甚至是操弄其他人想法）而精疲力竭。他們或許不會察覺，因為一切都已成為習慣——就像我們不會注意到周遭的空氣一樣。精疲力竭通常成為「榮耀勳章」，代表我們一點也不自我中心，反而努力滿足其他人的需求。

即便我們已經知道該從上帝對我們的觀點，而非他人的看法中，追求自我的價值，卻還是很容易將服侍他人做得太極端。我們變成健康的討好者，準備好付出奉獻，卻很容易太過關注他人而將自己燃燒殆盡。這個過程讓我們感到高貴，似乎也能讓上帝喜悅。

當我們檢視耶穌的一生時，上述的觀點不攻自破。他忙著治療病人、教導神的話語，為他的追隨者付出奉獻，並挑戰其他宗教領袖。然而，在他最忙碌的那段日子，我們也看見他退出人群，透過休息、獨處、與上帝天父相處，來恢復能量，讓靈魂更新。

- 「次日早晨、天未亮的時候、耶穌起來、到曠野地方去、在那裡禱告。」（馬可

福音1:35）

- 「耶穌卻退到曠野去禱告。」（路加福音5:16）
- 「他解散了群眾，就獨自上山去禱告。到了晚上，他還是獨自一人在那裡。」（馬太福音14:23）

誠然，耶穌滿足了許多人的需求，但不是每個人。他並沒有試著討好每個尋求他注意的人，也沒有醫治某些求助的人。他知道自己的界限，也為自己留一些時間，而不是時時刻刻都犧牲奉獻。

很多人都說，我們得「擔起自己的軛」，意思就是要勞力付出。我們以為這代表了疲憊的苦工。但耶穌說：「因為我的軛是容易的，我的擔子是輕省的。」（馬太福音11:30）假如我們的軛很沉重，或許就不是來自上帝。

在聖經時期，軛指的是讓兩隻耕牛在田地裡並排耕作的木頭器具，能使收穫倍增。軛會經過手工調整，完美貼合耕牛的脖子和肩膀，避免讓牠們刮傷磨損。軛的重量並未讓耕牛的工作更加辛苦，反而因為設計而減輕了負擔。

有時候，基督徒要接受輕鬆的軛反而很困難，因為我們覺得必須向其他人展現自己的忠誠。我們隱藏自己的痛苦和掙扎，害怕別人會因此覺得上帝不夠有吸引力。事實上，我們的脆弱才是吸引別人的部分，因為這樣改變成長的旅途，遠比完美的形象更能讓人感同身受。

一九九二年，威爾許（Sheila Walsh）是當時有名的基督教歌手、作家，也主持當紅的基督教電視脫口秀《七〇〇俱樂部》（*The 700 Club*）。她太在乎自己的形象和表現，反而忘了關照自己的內在世界。最後，她崩潰了。以下是她的自述：

> 那天早上，我還正裝打扮，帶著完美的妝髮上全國性的電視節目；而當天晚上，我就被關在精神病院的病房裡。這是神對我做過最仁慈的事了。
>
> 在醫院的第一天，心理醫生問我：「你是誰？」
>
> 「《七〇〇俱樂部》的共同主持人。」
>
> 「我不是這個意思。」他說。
>
> 「喔，我是個作家，也是歌手。」
>
> 「我不是這個意思。你是誰？」
>
> 「我一點也不知道。」我說。接著他回答：「沒錯，這就是為什麼你會在這裡。」

我們為了自我感覺良好，而選擇營造討好的形象。然而，由於這不是真的，最終會由內而外地摧毀我們。在現實中找到自己的價值——在上帝對我們的看法中——是通往健康和完整的第一步，也給了我們影響他人的力量。

可以不倚靠神嗎？

整本書中，我們已經探索了如何從不健康的討好（為了贏得喜愛而討人開心）轉變為健康的討好（找到內在的價值，接著能幫助他人）。重新定義了討好這件事後，就成了值得追求的目標。我們也看了五種將我們禁錮的恐懼，以及克服的方法。還有幫助我們用最好的方式，影響他人生命的十大要素。

是的，只要透過正確的鏡子，我們就能克服固有的討好方式，找到自己的價值。我們能學會如何舒適安心地做自己，並找到向別人伸出雙手的自由。每個人都能做到，這些步驟並沒有那麼困難。這將帶給我們滿足而平衡的人生，讓我們從討好的監獄中掙脫，獲得久違的自由。我們對自己的內在滿意後，就能專注在其他人身上。

然而，如果沒有經歷過上帝對你最深刻的愛，並與上帝建立起個人的連結，我們就將錯失隨之而來的力量。我們之所以追求別人的認同，是因為與生俱來的渴望，希望自己的重要性得到肯定。上帝給予我們這樣的渴望，而祂也是唯一能滿足我們的存在。

當你的內在夠健康，足以向外幫助其他人時，就將擁有圓滿的人生。假如上帝成為你自我價值的泉源，你就能改變世界。

第21章 以真實自我面向世界

明天（名詞）：存放著百分之九十九的人類生產力、動機和成就的神祕領域。

無名氏

假如你不知道自己的極限會如何呢？你的人生會是什麼樣貌？

楊格（Cliff Young）是個澳洲的馬鈴薯農夫。他一生只務農，在家族農場工作——面積很大，大約兩千英畝。農場上也有養大約兩千隻羊。長大的過程中，他主要負責牧羊。農場沒有牧羊犬，所以他得自己來。他會繞著羊群跑，讓牠們聚攏，因為這是最簡單的做法。有時候，他會從黎明一直跑到黃昏，把工作完成。偶爾，他甚至會連續跑二十四小時——一天一夜，只為了向自己證明，自己能做到。

他知道自己擅長跑步，這種能力存在他的血脈中。他聽說農場附近將舉辦一場比賽，稱為「超級馬拉松」，距離是從雪梨到墨爾本的八百七十五公里。他知道自己跑得完，但他的速度很慢，跑步的方式也很不一樣，有點像跳步或跛行。他從來沒有看過專業的比賽——但還是決定試一試。

好消息呢？這場比賽除了他以外，只有六個參賽者，但全都是擁有多年參賽經驗的選手。壞消息？他已經六十一歲了，比對手都大了幾十歲。

比賽當天，他穿著連身工作服和橡膠雨鞋登場。每個人都嘲笑他。但他平常跑步都是這麼穿，這場比賽也不會例外。槍聲響起後，他立刻落到最後一名。他努力追著其他人的車尾燈好一陣子，但隨著第一天的賽事進行，距離越拉越遠，他發現自己已經是一個人獨自跑著。

直接跳到終點吧。在開跑後的五天十五小時又四分鐘後，他通過了終點線。他很確定自己是最後一名，但他錯了。

他跑出第一名的成績，而且領先其他選手整整兩天。

後來，他知道原因了。由於他對比賽一無所知，所以不知道晚上應該停下來睡覺。

因此，他繼續以緩慢的速度和奇怪的姿勢前進——完全不知道自己超越了速度更快、更年輕的對手們，而且是趁他們睡覺時。

踏出第一步

假如我們在面對人生挑戰時，先看過其他人如何應付相同的狀況，然後採取相反的做法，又會如何呢？

講者吉姆・羅恩（Jim Rohn）說，我們應該找到一度成功、卻又失意的人。給他們一些錢，說：「請收下這些錢，告訴我你做了哪些毀滅人生的事，讓我可以小心避免。」

我喜歡這個建議。觀察別人的經驗，能有效地幫助我們朝好的方向前進。

- 每個人的人生中，都有遭遇困難的領域，無法有所成就。假如我們採取和他們相反的行動呢？
- 每個人都有夢想，但可能因為看起來太艱鉅，而選擇放棄。假如我們剛好相反，堅持下去呢？
- 每個人都有不順利的重要人際關係，而他們逃避溝通。假如我們剛好相反，冒一點險呢？
- 每個討好者都覺得自己被惡習所困，希望能逃脫。假如我們剛好相反，看見討好行為正向的可能性呢？

假如我們的行動和大多數人一樣，就會得到差不多的結果。

假如我們和大多數人剛好相反，或許就會有相反的結果。
不健康的討好也可能轉變為健康的嗎？當然可以，只要我們選擇和大多數人相反的做法，並遵循我在這本書裡整理出的道路就好。

世界中的真我

假如你突然從地球上消失，**有多少人會注意到？**注意到的人之中，又**有多少人會在乎？**

會在乎的人，就是受你影響最多的人。因為認識你，讓他們成了不同的人。你的影響越大，他們對你的思念就越深。

我們都渴望讓自己的影響提升。我們都希望可以改變世界，而不只改變身邊的少數人。

我們希望自己很重要。

有些人終其一生追求的，是累積更多的財富。他們主要的注意力，放在管理自己的財產和安全。他們可能在過程中相當成功，卻不一定能影響任何人。

其他人的注意力則放在別人身上。他們還是可能擁有大量的財富和傑出的成就，但那只是次要的動機罷了。對他們來說，當他們為世界帶來了正面的影響，例如在紓困組織工作，或是在收容所當志工，成功自然會隨之而來。

影響指的就是某件事發生，並且在事後留下了證據。假如賣場的手推車在停車場撞上你的車，你的車上會留下凹痕。就算移開手推車，那小小的凹痕也會提醒你，你的車受到影響了。

單一事件就能對一個人造成巨大影響。

有些事件可能有負面的影響。車禍、伴侶對信任關係的破壞，或是疾病末期的診斷，都會立即且永久地影響我們的一生。我們會變得更糟，因為發生的事在預料之外，如同晴天霹靂。

有些事件的影響則是正面的。中樂透、找到理想工作都會帶來正面影響，但這會隨著時間而漸漸褪色。也因此大多數的樂透得主都會在短短幾年後，就回到原本的生活型態。

每個人的一生中都會有負面和正面的事件，這往往都是計畫之外、意料之外、預期之外的。於此同時，你也可以有意識地改變其他人。不需要是顛覆人生的重大事件，可以只是你所做出的選擇——讓結果有計畫地、按照我們預期地發生。我們可能會看著影響力很大的人，想著「假如我有他們的時間、金錢、教育、人脈、技能或境遇，應該也做得到」。

事實是，你就算能做出相同影響，看起來也會完全不同。**你的獨特性就是影響其他人的工具。假如使用了其他人的工具，就不可能得到相同的結果**。沒有人能擁有你的工具組合，或是使用這些工具的能力。了解並善用自己的獨特，就是帶來影響的關鍵。當你只想討其他人喜歡，就不可能真正帶來改變。

踏上改變之旅的動力很簡單：掌握真正帶來影響的機會。改變不會一夕之間就發生，而是人生所有微小抉擇的累積。我們很難直接走出去帶來巨大影響，因為世界有太多不可控的因素。

比較簡單的做法，是從此刻此地對身邊的人做出小小的改變。小小的改變持續得夠久，就能累積成巨大的影響。

巨大的影響發生在慢燉鍋，而不是微波爐。而且每個人都能做到。

你能做到，從今天開始吧！

後記

我仍在復原的過程中

假如你目前還是個討好者，得持續地讓其他人開心，那麼本書所提到的旅程大概讓你耳目一新，精神一振。若是如此，代表你的自由近在咫尺。

- 你可以為自己建立起全新的人生守則，向內找到自己的價值，而不再對其他人的看法斤斤計較。
- 此後，你可以運用自己討好的能力，影響所有與你相遇的人。
- 你可以在世界上留下清楚的痕跡。

你很重要！

你或許還是會想，「聽起來很棒，但真的嗎？沒效怎麼辦？」只要走過本書探索的旅程，痊癒和改變發生的機率就會很高。然而，如果你不願嘗試，就注定會困在令你痛苦的現狀。

為何不試呢？

為何不現在就試呢？

這是你的人生——帶來影響吧！

致謝

每個人都夢想寫書，但精神正常的人都不該這麼做。海明威（和一些其他作家）據說都說過：「寫作沒有祕密，只要在打字機前坐下，然後開始流血就好。」寫作主要在孤獨中進行，但也依賴其他人的支持。

這是我的第六本書，而我清楚地意識到，其他人的幫助對寫作有多麼重大的意義。

有些人無意間提供了很棒的點子；有人給了我繼續下去的鼓勵；其他人則只是靜靜地在旅程中，陪我並肩前進。他們大多數以上皆有。

感謝名單可以寫好幾頁。但這本書的寫作中，有幾個名字特別浮現出來：陪伴在我身邊，一直到旅程結束的人們。

傑夫・葛因斯（Jeff Goins）是我寫作和思想上的導師。他是「作家部落」的創辦人，帶領了上千位創作者實踐了獨一無二的目標和夢想。我們幾年前牽上線，我加入他密切的智囊小組。他讓我陪著他一起走上了成長和改變的旅途。能享有如此近距離的視野，持續挑戰著我的心態，使我有了重大的改變。他毫不做作，非常關心在乎其他人，而我也深深感激著他在我的旅程中帶給我的幫助。

團隊中也有其他創作者與我同行，我們後來都成為好朋友。我們都在自己獨特的旅途中，但也得到了相知相惜的支持。我們了解到社群的力量，也因為社群而有所提升。

這意味著，這本書上充滿了許多人的指紋：莎菈・羅賓森（Sarah Robinson）、布莉安娜・蘭伯森（Brianna Lamberson）、潔西卡・惠特黑（Jessica Whitehea）、萊克斯・拉托夫斯基（Lex Latkovski）、泰・席格勒（Ty Ziglar）、露西・史蒂文斯（Lucy Stevens）、戴夫和珍娜特・沃恩利（Dave and Janet Wernli）、安妮・貝斯・多納胡

（Annie Beth Donahue）、卡洛琳・德帕拉提斯（Caroline DePalatis）、艾利克・蓋爾（Eric Gale）、蒂芬妮・巴伯（Tiffany Babb）、卡洛琳納・蘇西摩爾（Carolina Sizemore）、蘿拉・諾頓（Laura Naughton）、傑夫・傑克森（Jeff Jackson）、崔西・巴帕（Tracy Papa）、泰勒・威廉斯（Tyler Williams）、丹尼・博薩（Danie Botha）、賽斯・葛吉（Seth Guge）、丹尼拉・伯納克（Danielle Bernock）、安迪・特勞伯（Andy Traub）和其他人。他們並不知道，自己對這本書有多大的影響。他們的對話、故事、鼓勵和陪伴，對我都是無價的贈禮。

我和編輯維奇・康普頓已經是第六次合作了，感覺就像是有個私人的文字教練。她接手我的原料，看見其中的可能性——但卻未改變我的聲音。當她拿虛擬的紅筆在我的書改上修正時，就像是為汽車打蠟和仔細保養。她知道如何清理、拋光、清除海鷗的大便，讓車子閃閃發光。由於她的加入，讓寫作成了快樂的享受，我非常感恩。

如果沒有妻子黛安，就不會有這本書。和最好的朋友共度人生，會讓我們腦中發生神奇的變化，創造許多美好的文字與想法。因為她，我才能寫作。她是我人生的珍貴寶藏。

人生的旅程有重要的人陪伴時，就能組合出美麗的文句。我的家人給了我意義，我的朋友給了支持，我的同僚給了機會，而上帝把祂自己給了我。

我則要將「致謝」獻給我所有的讀者。你們都是生命的禮物，而我對你們的珍重難以言喻。

謝謝。

一起來　思 035

你可以當好人，但不要好得不像人

有本事才給予。設立界線、有限度討好是長久關係的祕密

The People Pleaser's Guide to Loving Others Without Losing Yourself

作　　　者　麥克．貝勒（Mike Bechtle）
譯　　　者　謝慈
主　　　編　林子揚
編　　　輯　林杰蓉

總　編　輯　陳旭華 steve@bookrep.com.tw
社　　　長　郭重興
發　行　人　曾大福
出 版 單 位　一起來出版／遠足文化事業股份有限公司
發　　　行　遠足文化事業股份有限公司 www.bookrep.com.tw
23141 新北市新店區民權路 108-2 號 9 樓
電話｜ 02-22181417　傳真｜ 02-86671851
法 律 顧 問　華洋法律事務所　蘇文生律師

封 面 設 計　陳文德
內 頁 排 版　新鑫電腦排版工作室
印　　　製　通南彩色印刷有限公司
初 版 一 刷　2022 年 12 月
定　　　價　380 元
I S B N　9786269660186（平裝）
9786269660155（PDF）
9786269660148（EPUB）

有著作權．侵害必究（缺頁或破損請寄回更換）
特別聲明：有關本書中的言論內容，不代表本公司／出版集團之立場與意見，文責由作者自行承擔

Copyright@ 2021 by Mike Bechtle
Originally published in English under the title *The People Pleaser's Guide to Louing Others without Losing Yourself* by Revell, a division of Baker Publishing Group, Grand Rapids, Michigan, 49516, U.S.A.
Traditional Chinese translation rights 2022 by Come Together Press, an Imprint of WALKERS CULTURAL CO., LTD.
Complex Chinese translation rights arranged through The PaiSha Agency

國家圖書館出版品預行編目 (CIP) 資料

你可以當好人，但不要好得不像人：有本事才給予。設立界線、有限度討好是長久關係的祕密 / 麥克．貝勒（Mike Bechtle）著 ; 謝慈 譯. -- 初版 . -- 新北市 : 一起來出版 , 遠足文化事業股分有限公司 , 2022.12
面； 公分 . --（一起來思 ; 35）
譯自 : The people pleaser's guide to loving others without losing yourself
ISBN 978-626-96601-8-6 (平裝)

1. CST: 自我實現　2. CST: 自我肯定　3. CST: 生活指導

177.2　　111014916